FAÇA
SUA
CERVEJA

FAÇA SUA CERVEJA

GUIA DE PRODUÇÃO CASEIRA PARA AMANTES DE CERVEJAS ARTESANAIS

MIKE WARREN E JOHN KROCHUNE

TRADUÇÃO DE ROSANE ALBERT

Copyright © 2019 by Callisto Media, Inc.
Copyright da tradução © 2020 Alaúde Editorial Ltda.

Título original: *Beer Brewing 101 – A Beginner's Guide to Homebrewing for Craft Beer Lovers*.
Publicado originalmente em inglês pela Rockridge Press, um selo da Callisto Media, Inc.

Todos os direitos reservados. Nenhuma parte desta edição pode ser utilizada ou reproduzida – em qualquer meio ou forma, seja mecânico ou eletrônico –, nem apropriada ou estocada em sistema de banco de dados sem a expressa autorização da editora.

O texto deste livro foi fixado conforme o acordo ortográfico vigente no Brasil desde 1º de janeiro de 2009.

EDIÇÃO ORIGINAL: Rockridge Press
Projeto gráfico de capa e miolo: Antonio Valverde
Diretora de arte: Sue Smith
Editora: Pam Kingsley
Editora de produção: Ashley Polikoff
Fotografia: © 2019 Marija Vidal
Food Styling: Elisabet der Nederlanden
Ilustrações: © Tom Bingham
Foto dos autores: Courtesy Suzanne Krochune

PRODUÇÃO EDITORIAL: Editora Alaúde
Coordenação editorial: Bia Nunes de Sousa
Tradução: Rosane Albert
Preparação e consultoria: Fabiane Grazioli Medina
Revisão: Carolina Hidalgo Castelani, Fernanda Marão (Crayon Editorial)
Adaptação de projeto gráfico: Cesar Godoy

1ª edição, 2020

Dados Internacionais de Catalogação na Publicação (CIP)
(Câmara Brasileira do Livro, SP, Brasil)

Warren, Mike
Faça sua cerveja : guia de produção caseira para amantes de cervejas artesanais / Mike Warren, John Krochune ; [tradução Rosane Albert].
-- 1. ed. -- São Paulo : Alaúde Editorial, 2020.

Título original: Beer Brewing 101: a beginner's guide to homebrewing for craft beer lovers
ISBN 978-65-86049-07-7

1. Cerveja - Guias 2. Cerveja - Preparação 3. Cervejas - Processos de fabricação I. Krochune, John. II. Título.

20-43533	CDD-641.23

1. Cerveja artesanal : Técnicas e receitas : Alimentos e bebidas 641.23
Aline Graziele Benitez - Bibliotecária - CRB-1/3129

2020
Alaúde Editorial Ltda.
Avenida Paulista, 1337, conjunto 11
São Paulo, SP, 01311-200
Tel.: (11) 3146-9700
www.alaude.com.br
blog.alaude.com.br

DE MIKE

Para Lisa, Harry e William

DE JOHN

Para Suzanne, Colin, Teagan e Bianca

SUMÁRIO

Introdução **8**

CAPÍTULO 1:
EQUIPAMENTO E MATERIAIS **11**

CAPÍTULO 2:
PRODUÇÃO COM KITS **29**

CAPÍTULO 3:
SEU PRIMEIRO LOTE **43**

CAPÍTULO 4:
PRODUÇÃO E RECEITAS COM EXTRATOS **79**

CAPÍTULO 5:
SUA CERVEJA PERSONALIZADA **149**

Glossário **169**

Fontes **172**

Índice **173**

Sobre os autores **176**

INTRODUÇÃO

A paixão por cerveja artesanal é muito estimulante. Motiva as pessoas a ficar durante horas na fila para comprar uma embalagem com quatro garrafas do mais recente lançamento ou percorrer quilômetros para conseguir certa cerveja importada difícil de achar. Imaginamos que, se você é um apaixonado por cerveja artesanal como nós, já se viu na mesma situação. A cerveja artesanal oferece muita diversidade em sabor, o que alimenta a curiosidade e a vontade de experimentar todos os estilos. Já imaginou como eles surgiram? Você é fascinado pelo que torna sua IPA favorita diferente de sua witbier predileta? Pensa sobre o que diferencia o sabor da pale ale do de uma cream ale? Se a cerveja artesanal despertou seu interesse sobre tudo o que se refere a ela, então já deu os primeiros passos para produzir a sua própria.

Muitos dos fundadores de nossas cervejarias artesanais favoritas começaram brassando em casa. O amor por essa bebida acendeu o espírito de "faça você mesmo" e a determinação de produzir as próprias cervejas especiais. Eles tinham o desejo de testar e criar cervejas sob medida para satisfazer suas preferências em aromas e sabores. Você pode seguir os passos deles – fazer cerveja em casa é uma atividade gratificante e fácil.

Quando começamos nossa produção caseira, estávamos estimulados pelo mesmo ímpeto de criar mágica em um copo. Apesar das dúvidas e de alguns fracassos no início do processo, aprendemos com o tempo dicas e truques simples para fazer cerveja caseira tão consistente, confiável e boa quanto as nossas favoritas. Aprendemos as manhas de como escolher ingredientes e desenvolver receitas de modo que pudéssemos nos inspirar em uma cerveja artesanal comercial para algo melhor: a cerveja mais fresca à nossa disposição, adaptada às nossas preferências de paladar. A liberdade de alterar o perfil de sabor de uma receita para que a se aproxime do que mais gostamos é apenas uma parte da experiência fantástica de fazer cerveja em casa.

Com mais de vinte anos de experiência, queremos ajudá-lo a começar sua jornada de cervejeiro caseiro. Se você é iniciante ou já se aventura na produção ocasional, vamos conduzi-lo pelo processo para fazer em casa uma cerveja excelente. O ponto central deste livro é lhe transmitir os conhecimentos básicos – equipamento para produção, processo, escolha de ingredientes e fermentação –, para que tenha sucesso em seu primeiro lote caseiro.

Vamos nos concentrar na produção com extrato de malte. Foi assim que começamos e, para iniciantes, o uso de extrato nas receitas reduz o tempo e o equipamento necessários. Além disso, essa opção dá mais tempo aos cervejeiros para compreender os perfis de sabor, o controle de fermentação e as práticas de higienização para engarrafamento. Vamos ajudá-lo também a escolher os melhores kits que usam o extrato de malte.

Tratamos, evidentemente, das inúmeras variedades de lúpulo disponíveis para adicionar à produção caseira. Se você for fanático por lúpulo como muitos fãs de cerveja artesanal, poderá aprender mais sobre sabores e aromas dessa flor em forma de cone que cresce em caules flexíveis (um tipo de videira extravagante). Vai entender as características de alguns dos lúpulos mais famosos e como eles agem, nas receitas, em conjunto com maltes e leveduras.

Trazemos nossas receitas para você, mas, com a orientação deste livro, você será capaz de criar as suas. Das diferentes cepas de levedura a maltes especiais para sabores frutados e apimentados, todos esses ingredientes dão à cerveja artesanal seu forte apelo. O processo e as receitas que apresentamos são direcionadas para lhe dar controle sobre todos os elementos da cerveja artesanal para que você possa passar do conceito para o copo o mais rápido possível.

Esperamos que as informações deste livro o inspirem a produzir uma cerveja excelente e que sua paixão se estenda à maior compreensão da cerveja artesanal à medida que for aprendendo o processo e praticando suas habilidades em casa. Quem sabe? Talvez sua inovação e imaginação criem um estilo novo para todos imitarem quando produzirem cerveja caseira.

Saúde, e cervejemos!

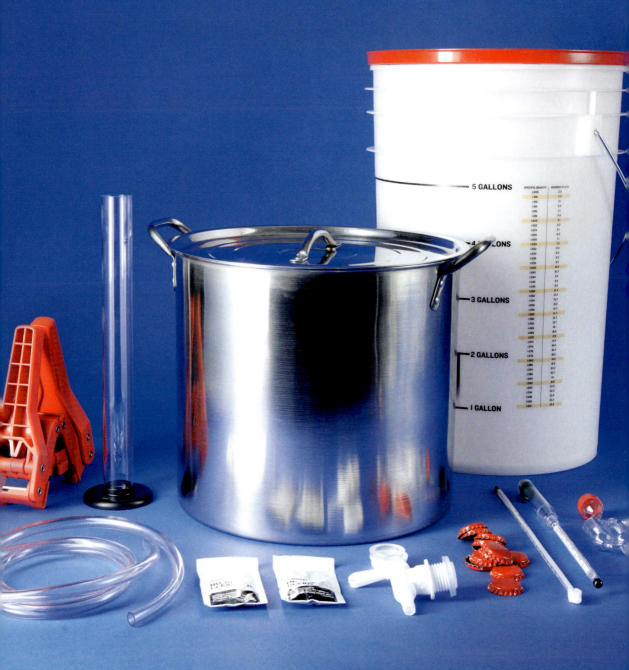

Na frente, da esquerda para a direita: tubo para trasfega, kits de limpeza/higienização, torneira, tampas de garrafa, termômetro, densímetro, válvula airlock do tipo S

Atrás, da esquerda para a direita: tampador de garrafa, densímetro e proveta, caldeirão de fervura, fermentador

EQUIPAMENTO E MATERIAIS

Para produzir uma boa cerveja caseira, é necessário adquirir alguns equipamentos específicos. Felizmente, o investimento é mínimo, e a recompensa, saborosa. Muitos desses itens são duráveis e podem ser utilizados em todas as suas aventuras cervejeiras.

As lojas especializadas em insumos cervejeiros, tanto físicas quanto *on-line*, oferecem kits para iniciantes pré-embalados cujos preços e itens inclusos variam. Este capítulo trata de equipamentos e materiais indispensáveis para o seu sucesso, distribuídos em três categorias:

- ★ Material de limpeza e de sanitização
- ★ Equipamento para brassagem e fermentação
- ★ Equipamento para engarrafar

MATERIAL DE LIMPEZA E DE SANITIZAÇÃO

Excelentes cervejas começam, sem dúvida, pelo equipamento limpo e sanitizado. Frequentemente, novatos se frustram antes mesmo de provar a cerveja quando a limpeza e a sanitização não foram feitas de maneira adequada. Como cervejas contaminadas são um risco que pode ser evitado, essa etapa nunca deve ser abreviada. Fazer da limpeza e da sanitização uma rotina, evita passar pela experiência de jogar um lote fora. Na seção a seguir, vamos examinar os limpadores e sanitizadores mais conhecidos. Trataremos do processo de limpeza e sanitização no capítulo 2.

Limpadores e sanitizadores

Para limpar e sanitizar o equipamento de produção de cerveja, é fundamental usar produtos feitos especificamente para isso. Você poderia usar o mesmo tipo de detergente com que lava a louça, mas ele deixa resíduos difíceis de enxaguar que podem causar problemas na cerveja. Parte de não usar atalhos no processo é empregar os materiais certos.

LIMPADORES

Agentes de limpeza especiais para a produção de cerveja são, em geral, à base de oxigênio, o que os tornam excelentes para remover sujeira e resíduos. Eles liberam bolhas de oxigênio quando misturados com água, e essa ação faz a matéria orgânica se soltar das superfícies e as deixa limpas.

A maioria desse tipo de limpador é vendido em pó e, por isso, funciona melhor com água morna. Ajuste a temperatura para utilizar sem se queimar e poderá manipular a solução de limpeza que é produzida à medida que o pó se dissolve.

A seguir, alguns exemplos dos nossos limpadores preferidos. Caso não os encontre, a limpeza inicial pode ser feita com água e detergente neutro:

B-Brite: Um dos limpadores em pó mais econômicos, requer enxágue antes da sanitização. É um produto importado.

One Step Cleanser: Produto sem enxágue, frequentemente usado tanto como limpador quanto sanitizante.

PBW: Percarbonato de sódio é um limpador em pó de última geração. Embora exija enxágue, contém um agente tensoativo que o torna muito eficaz na remoção de resíduos de cerveja ou levedura. É o nosso preferido.

SANITIZADORES

Limpar o equipamento não é suficiente para fazer uma boa cerveja; é preciso sanitizá-lo. Sanitizar é o processo de reduzir o número de bactérias e leveduras selvagens que podem arruinar a cerveja antes de poder prová-la. Mais uma vez, é possível usar produtos de limpeza doméstica, como alvejantes, mas a recomendação é usar agentes especiais feitos especificamente para esta etapa importante.

Como exemplos de sanitizadores, temos:

Iodofor: À base de iodo, não requer enxágue e deve ser misturado na concentração adequada com água, para evitar deixar sabor residual na cerveja. É bactericida de largo espectro, não forma espuma, é facilmente encontrado e apresenta melhor custo-benefício e rendimento. O tempo necessário de contato é o menor de todas as opções. Pode deixar materiais plásticos (como baldes e mangueiras) amarelados, o que seria um inconveniente meramente estético.

Álcool 70%: Eficiência extrema, mas tem como pontos negativos o alto preço e o fato de ressecar borrachas, o que pode ser um risco para as borrachas de vedação das tampas dos baldes.

Star San: À base de ácido, não requer enxágue. A quantidade adequada (veja as orientações detalhadas no rótulo) misturada com água fria forma uma espuma com poder sanitizante. Basta agitar um pequeno volume da mistura em superfícies difíceis de alcançar para que elas fiquem sanitizadas em minutos. Pela espuma e por não precisar de enxágue, é nosso preferido.

O equipamento de fabricação de cerveja para iniciantes pode vir com limpadores e/ou sanitizadores que dispensam enxágue. Repito, é importante comprar esses produtos caso eles não façam parte do equipamento. Procure os produtos sugeridos em lojas especializadas, ou peça recomendação de outros para os vendedores, e adquira em quantidade suficiente para vários lotes.

Escovas de limpeza

Às vezes é possível encontrar resíduos sólidos difíceis de remover. As escovas são muito úteis para limpar áreas mais difíceis de alcançar, como gargalo e fundo de garrafa. Há uma grande variedade de escovas à venda. Você deve ter ao menos uma escova fina própria para esfregar o interior das garrafas e outra maior para lavar recipientes de fermentação grandes (trataremos do galão fermentador na próxima seção; ver p. 18).

EQUIPAMENTO PARA BRASSAGEM E FERMENTAÇÃO

Quando se trata de investimento financeiro, o maior valor é gasto no equipamento. São muitas as opções, mas, para os objetivos deste livro, apresentamos as escolhas mais em conta que possibilitam produzir uma ótima cerveja caseira. Apesar dos custos, os investimentos feitos neste estágio se pagam depois de anos produzindo cerveja.

Caldeirão de fervura

A primeira peça de equipamento de que vai precisar é um caldeirão de fervura, no qual vai misturar todos os ingredientes e fervê-los. Para economizar no investimento e no espaço para armazenamento, recomendamos o uso de um caldeirão de uso comum (embora talvez seja necessário fazer uma adaptação e instalar uma torneira para transferir o líquido ao balde de fermentação).

Como o foco deste livro é produzir cerveja com extrato, para as nossas receitas sugerimos um caldeirão de, pelo menos, 25 a 30 litros no total, com espaço para 12 a 20 litros de líquido mais, no mínimo, um espaço de 4 litros para acomodar a fervura sem risco de transbordar.

Com relação ao material, recomendamos que seja de aço inoxidável. Se o caldeirão for de alumínio, esmaltado ou antiaderente, ele vai funcionar como primeiro caldeirão de fervura, mas esses materiais não são tão duráveis e/ou fáceis de limpar como o aço inoxidável, então, se for continuar a fazer cerveja caseira, considere investir em algo mais adequado.

Termômetro

É importante medir a temperatura durante a brassagem, e para isso um termômetro é essencial. Ainda mais importante, é preciso verificar se o mosto – a mistura de extrato de cevada maltada e lúpulo; uma palavra chique para designar a sopa que você prepara para que a levedura se alimente dos açúcares e produza álcool – está na temperatura correta antes de adicionar a levedura. O termômetro do tipo espeto, tanto digital quando analógico, é uma boa opção, fácil de manter limpo e sanitizado.

As lojas especializadas costumam vender termômetros flutuantes de vidro cheios de líquido que podem ser colocados no caldeirão para leituras rápidas ao longo do processo de produção. A maioria dos kits prontos traz termômetros adesivos para fermentador a fim de medir a temperatura durante a fermentação. Recomendamos que tenha um termômetro para uso na pré-fermentação e outro de fita adesiva para monitorar a fermentação dos primeiros lotes.

Densímetro

Em geral, esse dispositivo que mede a densidade relativa de um líquido é peça básica dos kits de equipamento para iniciantes. Ele é importante porque fornece leituras de amostras da cerveja para verificar quando a fermentação está completa, além de permitir uma estimativa do teor alcoólico da cerveja.

O densímetro tem duas partes: um cilindro graduado e um tubo de vidro. O cilindro graduado é usado para colher a amostra de mosto ou de cerveja para medição. Depois de recolhida a amostra (cerca de três quartos do cilindro), insira o tubo de vidro dentro do cilindro e deixe boiar. Na parte inferior do tubo, há uma ampola cheia de metal cujo peso permite que o tubo flutue no líquido em determinado nível. No topo, há uma tira de papel com marcas de medição: a marca que se alinhar à superfície do líquido dá a leitura da densidade desse líquido em comparação com a da água.

Essa medida de densidade relativa é chamada densidade específica. Explicaremos no capítulo 3 como usar as leituras de densidade para prever quando a fermentação terminará e calcular a estimativa de álcool por volume (ABV) na cerveja.

Fermentador

Recipiente para o qual o mosto resfriado é transferido e onde se adiciona a levedura. É aí que a mágica da fermentação acontece. Um bom fermentador tem tampa ou uma abertura que pode ser completamente vedada com um airlock para evitar que o ar externo contamine a cerveja (ver a seção "Airlock e válvula" na p. 21).

Existem dois tipos básicos de plástico usados para fazer fermentadores. O primeiro é o HDPE (polietileno de alta densidade), largamente usado em embalagens seguras de produtos alimentícios. Em geral, os baldes de fermentação são feitos de HDPE. O segundo tipo de plástico é o PET. Embora no mercado haja baldes de PET, com mais frequência esse material é usado em galões (*carboy*, do persa *qarāba*). O PET tem duas vantagens sobre o HDPE: em geral, é translúcido, possibilitando que se veja a fermentação, e é muito menos permeável ao oxigênio do que o HDPE. É possível fazer a fermentação primária em qualquer dos dois tipos de plástico; entretanto, se deseja fermentar ou envelhecer a cerveja por mais de um mês, o fermentador de PET é a escolha perfeita.

Assim como no caso do caldeirão de fervura, o fermentador deve ter uma capacidade maior do que o lote de cerveja, em média de 2 a 4 litros a mais do que o volume do lote. Durante a fermentação, a levedura forma uma camada de espuma acima do líquido chamada kräusen (ver p. 64). Dependendo do teor alcoólico da cerveja e da atividade da levedura, essa espuma pode ficar bem movimentada. Espaço livre suficiente no fermentador limita o risco de a espuma entrar no airlock. Falaremos sobre isso e muito mais quando tratarmos da fermentação no capítulo 3.

As receitas deste livro são para lotes de 19 litros. Recomendamos um balde de plástico com capacidade para 25 a 30 litros, com tampa e orifício para airlock, ou um galão fermentador (*carboy*) de vidro com 24,5 litros de capacidade, com tampa ou rolha. Recipientes com essas medidas em geral fazem parte dos kits de equipamento para iniciantes juntamente dos acessórios necessários.

Cada uma dessas opções de fermentador apresenta prós e contras. Os baldes de plástico são mais baratos e fáceis de limpar, bons para seus primeiros lotes. É preciso ter cuidado para não arranhar a parte interna durante a limpeza, porque os arranhões podem abrigar bactérias difíceis de remover. Não guarde objetos duros, como colheres e funis, no balde de fermentação entre uma produção e outra.

O fermentador de vidro quase sempre é encontrado na forma de galão (*carboy*), um tipo de garrafa grande e bojuda. Esse material, mais pesado, apresenta algumas vantagens sobre o plástico, apesar de ser mais frágil, já que não fica arranhado e evita a lenta absorção de oxigênio em fermentações que durem mais do que um mês. Também não retém aromas ou sabores de cerveja como pode acontecer com o plástico. Isso é particularmente verdadeiro se adicionar sementes de baunilha a uma stout e, no próximo lote, for produzir uma blonde ale, que pode ficar com um sabor diferente do pretendido. Mas, apesar de todas as boas coisas que o vidro proporciona à fermentação, ele é muito frágil e não reage bem ao ser movimentado. É preciso tomar muito mais cuidado ao mover um fermentador de vidro cheio do que um de plástico, já que é muito mais desastroso derrubar o primeiro do que o segundo.

A escolha entre esses fermentadores – de plástico ou de vidro – é sua. Já produzimos muita cerveja boa em ambos os tipos durante anos e continuamos a fazer isso. Apenas tome conhecimento das limitações e das vantagens de cada um.

Existem outros tipos de fermentador; os de aço inoxidável, em especial, são superiores aos de plástico e de vidro, mas são caros. Para nós, o fermentador de aço inoxidável é um ótimo investimento para quem se comprometer com este passatempo a longo prazo. Mas, como tanto o balde quanto o galão têm preços mais razoáveis e podem produzir cerveja boa, acreditamos que essas opções sejam mais apropriadas para você começar a fazer cerveja caseira.

TIPO DE FERMENTADOR	VANTAGENS	DESVANTAGENS
Balde de plástico (polietileno de alta densidade, HDPE)	• Opção mais barata • Disponível em diversos tamanhos • Oferece boa proteção contra a luz • Mais leve • Em geral tem alça, facilitando a movimentação • Abertura larga facilita a limpeza	• Suscetível a arranhões, o que dificulta a sanitização • Permeável à oxigenação durante armazenamento por longo período ou envelhecimento • Não é possível ver o progresso da fermentação sem retirar a tampa • Pode ser difícil remover a tampa sem quebrá-la (torna-se mais flexível) • Retém sabores/aromas que podem impregnar a próxima cerveja • Precisa ser substituído mais rápido do que as outras opções
Galão de vidro (*carboy*)	• Resistente a arranhões • Possibilita acompanhar a fermentação sem abri-lo • Tampa facilmente removível • Não retém sabores/aromas • Maior durabilidade, se bem cuidado • Opção excelente para maturação longa e adição de saborizadores	• Frágil – se quebrar, é muito perigoso • Mais pesado • Difícil de carregar (especialmente quando molhado) • Não protege da luz/precisa ser coberto ou armazenado no escuro • Difícil de limpar sem uma escova que ultrapasse o gargalo
Galão de plástico (PET para alimentos)	• Mais leve que o de vidro • Mais barato que o de vidro • Mais durável que o de vidro • Permite ver o progresso da fermentação sem abri-lo • Tem abertura ligeiramente maior que a do garrafão de vidro • Melhor impermeabilidade ao oxigênio do que o balde de HDPE	• Pode ser arranhado, embora seja mais durável que o balde de HDPE • Opções de tamanho limitadas • Difícil de carregar quando cheio • Dobra quando levantado, o que pode danificar o airlock e a tampa • Precisa de proteção contra a luz • Difícil de limpar sem uma escova que ultrapasse o gargalo

TIPO DE FERMENTADOR	VANTAGENS	DESVANTAGENS
De aço inoxidável	<ul><li>Maior resistência/durabilidade</li><li>Suporta produtos químicos de limpeza fortes</li><li>Proteção superior contra luz</li><li>Proteção superior contra oxigênio</li><li>Bom condutor de calor para controle ativo de temperatura da fermentação</li><li>Não suscetível a arranhões</li><li>Em geral, tem alças</li></ul>	<ul><li>Mais caro</li><li>Mais pesado que o de plástico e mais leve que o de vidro</li><li>Não é possível acompanhar o progresso da fermentação sem abrir a tampa</li><li>São necessários cuidados para prevenir manchas/ferrugem</li></ul>

Airlock e válvula

Em geral, a intenção é manter o mosto em fermentação isolado do ambiente externo para evitar a contaminação e a oxidação prematura da cerveja em evolução. Para isso, usa-se um airlock (também chamado de "borbulhador"), dispositivo simples que permite que o gás (dióxido de carbono) produzido durante a fermentação ativa escape do fermentador ao mesmo tempo evitando que a entrada do ar externo (e ocasionalmente de algum inseto) contamine a cerveja.

Existem dois tipos comuns de airlocks. O primeiro, composto por três peças, é chamado inteligentemente de airlock de três peças. Possui um corpo principal com uma estrutura em forma de tubo que passa através dele. Um copinho invertido equilibra-se no alto do tubo, dentro do corpo. Quando o corpo fica cheio de água, cria-se bloqueio que permite ao dióxido de carbono borbulhar sem deixar o ar de fora entrar. A terceira peça desse sistema é uma tampa simples para reduzir a evaporação da água na barreira.

O segundo tipo, o airlock em forma de "S", consiste em uma peça única, preenchida com água para criar um bloqueio, mais parecido com um sifão de pia. Mais uma vez, isso permite que os gases da fermentação borbulhem livremente. Os dois tipos funcionam. O airlock de três peças é mais fácil de limpar e secar entre uma produção e outra, basta enchê-lo com água, álcool 70% ou sobras de sanitizador. Na maioria dos casos, a água da torneira é suficiente para a limpeza.

Materiais adicionais

Abaixo, alguns acessórios que nem sempre são essenciais para a produção dos primeiros lotes, mas que facilitam certas tarefas.

PÁ CERVEJEIRA

As que são feitas de plástico ou de metal são melhores que as de madeira porque são mais fáceis de limpar e sanitizar após a fervura. A pá cervejeira é usada para misturar o extrato e os lúpulos no mosto e precisa ser comprida o suficiente para chegar ao fundo do recipiente do mosto fervente. Uma pá de qualidade também é uma excelente ajuda para conter um possível transbordamento no caldeirão.

FUNIL

Se a fermentação for feita em um balde, despejar nele o mosto do caldeirão não será difícil, embora seja mais recomendável e seguro usar mangueiras apropriadas para a produção de cerveja. A abertura de um *carboy* de vidro ou de plástico, entretanto, geralmente é muito pequena, e um funil é a única solução para não sujar piso e pia.

BALANÇA E COLHERES/COPOS MEDIDORES

Quando comprar extratos ou lúpulos em grandes quantidades, precisará de uma balança. Se quiser ser criativo com especiarias e aromatizantes da sua despensa (por exemplo, melado, extrato de baunilha, sementes de coentro, pimenta-rosa), necessitará medi-los com precisão para reproduzir ou seguir uma receita. Pode usar a balança e/ou copos e colheres medidores utilizados para cozinhar. Se precisar comprar uma balança, trataremos de suas especificidades para as receitas de cerveja no capítulo 4.

TUBO PARA TRASFEGA E SIFÃO

Comum em kits de equipamento, o tubo para trasfega é de plástico rígido e, no topo, é encurvado, semelhante a uma bengala. Vem com uma mangueira fina feita de plástico próprio para alimentos. Use o tubo de trasfega para transferir a cerveja pronta com segurança para o balde de engarrafamento, pois despejá-la de um para o outro pode facilitar a oxidação – a cerveja vai ficar com gosto de papel, e você ficará bem chateado.

ANOTAÇÕES SOBRE A PRODUÇÃO

Para fazer uma boa cerveja, manter boas anotações vêm em segundo lugar, depois da sanitização, como regra de ouro. Ainda mais importante, se obtiver um lote que ficou excelente, vai querer reproduzi-lo sem se afastar muito do original. E, se tiver uma receita de que goste, mas que esteja adaptando para o seu paladar, é essencial ter boas anotações. Registre-as como quiser, eletronicamente ou no papel, só não deixe de fazê-lo. Apresentamos um modelo de anotações no capítulo 5.

EQUIPAMENTO PARA ENGARRAFAR

Durante a fermentação, é importante resistir ao desejo de arrumar um canudo bem grande. Por sorte, a falta de carbonatação acaba com essa tentação. O material para envasar a cerveja e deixá-la pronta para beber tão logo seja possível é realmente necessário. A seguir, os itens de que vai precisar para engarrafar sua produção.

Balde de engarrafamento

No kit básico de equipamentos é preciso incluir um balde de plástico grande parecido com o balde fermentador, porém com torneira acoplada, conhecido como balde de maturação e engarrafamento. Ele será necessário somente para o envase da cerveja, mas é um equipamento importante de ter.

A transferência ou trasfega (palavra usual do vocabulário cervejeiro) do fermentador para esse balde será feita com a adição de açúcar para carbonatar a cerveja na garrafa. Falaremos mais desta etapa no capítulo 3. É imprescindível que o balde tenha capacidade para conter o volume final do lote, para que o engarrafamento seja feito de uma só vez. Para um lote de 19 litros, um balde de engarrafamento de 23 a 26,5 litros dará conta da tarefa.

Enchedor de garrafa

Pode ser que alguns kits de equipamento venham com um enchedor de garrafa, altamente recomendado, embora não seja essencial. Trata-se de um tubo curto e rígido que tem uma válvula com mola na extremidade. O enchedor liga-se à torneira do balde de engarrafamento por meio de um pedaço pequeno de mangueira. Como o comprimento da mangueira não é padronizado, corta-se um pedaço de 3,8 centímetros para ser encaixado no alto do enchedor de garrafa e ajusta-se a outra extremidade na base da torneira para ligar as duas peças.

O mais interessante é que o enchedor de garrafa somente libera cerveja quando a ponta da válvula de mola é pressionada contra a base da garrafa, que você deve estar segurando contra ela. Ao afrouxar o contato entre o enchedor e a garrafa, a vazão do líquido cessa, evitando o transbordamento da cerveja.

Garrafas

Não dá para engarrafar a cerveja sem garrafas, não é mesmo? Para o primeiro lote, recomendamos que compre garrafas novas e limpas em loja especializada. Como são novas, basta enxaguá-las e sanitizá-las para a sua primeira experiência de engarrafamento. Pode escolher qualquer cor, mas o vidro marrom é o melhor para proteger a cerveja da luz.

Um lote padrão de 19 litros necessita de dois engradados com garrafas de 350 mililitros (48 garrafas). Começamos com dois engradados com garrafas de 600 mililitros (24 garrafas), o que reduz à metade a tarefa de limpar e sanitizar. As garrafas compradas podem ser reutilizadas repetidamente à medida que for produzindo outros lotes. Se você tiver garrafas de cervejas comerciais que possam ser tampadas, pode usá-las, desde que sejam extremamente bem limpas e sanitizadas.

Engradados

Uma vantagem de comprar as garrafas em engradados ou embalagens com divisórias é que são úteis para armazenar e transportar as garrafas, além de proteger a cerveja da exposição à luz. Sempre guarde as garrafas, estando em engradados ou não, em locais escuros e secos.

Tampinhas de metal

Alguns kits de equipamento para iniciantes já as incluem, mas elas também são fáceis de encontrar em lojas especializadas, físicas e *on-line*. Para cada lote, você vai precisar de tampas novas, porque, uma vez abertas, não podem ser reutilizadas. Compre sempre mais do que precisar, para que não faltem tampas ao completar o trabalho. Não se esqueça de sanitizá-las, imergindo-as em álcool 70%.

As tampas são vendidas em cores e padrões diferentes, mas, se quiser participar de competições de cerveja artesanal, as tampas deverão ser prateadas ou douradas. Lembre-se disso ao escolher as cores.

Tampador de garrafa

O tampador de bancada é bastante popular, por ser mais antigo. Esse modelo fica apoiado sobre uma bancada ou outra superfície nivelada; a garrafa deve ser posicionada sob uma alavanca semelhante à de uma máquina caça-níqueis. Para tampar, você empurra a alavanca para baixo e a tampa fica presa ao topo da garrafa.

O tipo mais novo é o arrolhador/tampador com asas. É mais fácil de guardar do que o antigo e, apesar de ser mais barato que o de bancada, é durável; usamos os nossos há décadas, desde que começamos a produzir cerveja. Esse modelo tem duas alavancas semelhantes a asas e um ajustador redondo entre elas. O ajustador mantém a tampa no lugar enquanto você coloca o tampador em cima da garrafa. Para fixar a tampa, as duas alavancas devem ser empurradas para baixo – de forma rápida e segura, sua garrafa está tampada, e você, a um passo de saborear sua cerveja!

Em sentido horário a partir de cima: açúcar de *priming*, *irish moss* (uma variedade de clarificante), extrato de malte líquido âmbar (LME), aromatizante sabor cereja, levedura seca, grãos de malte escuro moídos, lúpulo peletizado, LME. Centro: grãos de malte crystal moídos.

PRODUÇÃO COM KITS

Agora que você já sabe quais equipamentos e materiais necessários para produzir cerveja artesanal, precisa conhecer os kits de produção. Há vinte anos, quando começamos, os kits eram a melhor opção para iniciantes e nos deram uma base que nos levou a criar nossas próprias receitas. A maioria dos cervejeiros caseiros que conhecemos ao longo dos anos diz a mesma coisa. O amor por cerveja artesanal os motivou a aprender como produzir a partir de kits de seus estilos favoritos ou clones de suas cervejas comerciais prediletas.

Neste capítulo, contaremos tudo sobre a fabricação com kits e a variedade comercializada, para que você possa tomar uma decisão bem embasada antes de comprar um. Diante disso, juntamente ao que aprendeu sobre equipamentos e processos, estará pronto para produzir seu primeiro lote sem problemas.

O MUNDO DOS KITS DE PRODUÇÃO DE CERVEJA

A melhor coisa dos kits é que eles incluem todos os ingredientes necessários e as instruções passo a passo. Eliminam, assim, todo o trabalho de adivinhação ao apresentar grãos e lúpulos nas quantidades certas para produzir uma cerveja excelente. Por isso, os kits constituem uma ótima porta de entrada para os iniciantes terem ideia do processo e ganharem experiência no uso de uma boa variedade de insumos.

No mercado cervejeiro, é possível encontrar kits completos – equipamento, material de limpeza e sanitização, garrafas e tampas, além dos ingredientes para a receita. Esse pacote não oferece muita escolha fora da receita inclusa. Em geral, é uma amber ale, que pode não ser o estilo de cerveja que deseja fazer primeiro. Por causa dessa restrição, recomendamos que compre o equipamento e os materiais separadamente do kit de receita, para que possa adquirir aquele do estilo com que gostaria de começar sua produção.

Há lojas especializadas, físicas e *on-line*, que oferecem variadas seleções de ótimos kits. Nos Estados Unidos, algumas dessas lojas trabalham com cervejarias na formulação de receitas adaptadas para a escala de produção caseira.

A seguir, algumas lojas e *sites* especializados:

Bahia Malte (www.bahiamalte.com.br) – Salvador, ba

Brew Market (www.brewmarket.com.br) – São Paulo, sp

Central Brew (www.centralbrew.com.br) – São Paulo, sp

ABREVIATURAS ÚTEIS

Nas descrições das receitas, você vai encontrar diferentes abreviaturas. Apresentamos aqui um apanhado rápido do que elas representam e por que são importantes.

ABV (ALCOHOL BY VOLUME): "Álcool por volume" é a porcentagem do total de álcool da cerveja pronta. É bom calculá-lo como medida da potência da cerveja, mas não é preciso se concentrar nele.

IBU (INTERNATIONAL BITTERING UNIT): "Unidade Internacional de Amargor", padrão para medir o amargor da cerveja. Entram no cálculo desse número a quantidade de lúpulos usada na receita, o momento em que foram adicionados à fervura e o conteúdo de alfa-ácidos (para saber mais sobre alfa-ácidos, ver p. 86). O IBU é uma forma conveniente de comparar o amargor entre os estilos.

OG (ORIGINAL GRAVITY): "Densidade original" é a medida do açúcar contido no mosto. Quanto mais elevado o número, mais açúcar para a levedura consumir. Cervejas com OGs mais elevados tendem a ter mais álcool no produto final.

FG (FINAL GRAVITY): "Densidade final" determina quanto açúcar restou na cerveja depois da fermentação e, na maioria dos kits, esse é um número previsível. Ao medir a OG e a FG, é possível calcular o ABV da cerveja (ver p. 65).

SRM (STANDARD REFERENCE METHOD): "Método de Referência Padrão" possibilita avaliar a cor da cerveja conforme uma escala. Quanto mais elevado o número, mais escura a cerveja.

Daremos mais explicações sobre esses termos em capítulos posteriores.

Cerveja da Casa (www.cervejadacasa.com) – Canoas, RS

Cervejando (www.cervejando.com) – Porto Seguro, BA

Homebrewers (www.homebrewers.com.br) – Curitiba, PR

Indupropil (www.indupropil.com.br) – Ijuí, RS

Lamas Brew Shop (www.lamasbrewshop) – São Paulo, SP

Vale do Lúpulo (www.valedolupulo.com) – Blumenau, SC

Como decifrar os diferentes kits

Os kits de produção a partir de uma receita dividem-se em categorias – kits com extrato de malte ou kits com maltes moídos para preparo no método *all-grain* (com os grãos) –, dependendo dos ingredientes e do processo de produção da cerveja. Este livro concentra-se na produção caseira usando extratos de malte. A produção pelo método *all-grain* requer maior investimento em tempo, equipamento e ingredientes, já que nela é preciso preparar o extrato que, em um kit, já vem pronto. Para iniciantes, aprender a produzir com extratos prontos simplifica o processo.

    Alguns kits entram na categoria "brassagem parcial". Nesses, o mosto é preparado não só com extrato, mas também com grãos de malte. O investimento em equipamento e tempo é o mesmo de que necessitaria para produzir um lote pelo método *all-grain*, mas em escala menor. Os kits de brassagem parcial podem ser usados como trampolim para produzir todos os seus lotes de receitas pelo método *all-grain*. Alguns cervejeiros caseiros trabalham só com receitas de brassagem parcial porque elas lhes dão as vantagens de ambos os métodos.

Muitos kits de receita vêm com grãos que você vai precisar moer e colocar em infusão na água quente para conferir um nível de complexidade. Esse tipo de kit vai lhe dar a experiência de trabalhar com maltes especiais e serve de treino para produzir, no futuro, pelo método *all-grain*.

KITS DE CERVEJA SEM FERVURA

Quando estiver pesquisando kits com extrato, vai se deparar com alguns rotulados como kits "sem fervura". São uma opção interessante para cervejeiros caseiros que têm pouco tempo e preferem não se demorar fervendo o mosto na cozinha. Esses kits vêm com extrato "lupulado", ou seja, já acrescido de alguma quantidade de lúpulo. Em termos mais simples, esses kits já trabalharam por você, basta acrescentar água e levedura.

Nunca usamos esses kits porque achamos que ferver e juntar os diferentes ingredientes faz parte da diversão de produzir cerveja (enquanto, com essa opção, a escolha dos lúpulos já foi feita para você). Sem a fervura, a experiência fica restrita. Ao ferver o mosto, sentimos que estamos produzindo uma bebida especial.

Kits por estilo ou clones de cervejas

Outras classificações se referem a estilos ou a clones (réplicas) de cervejas comerciais. Esses dois tipos são bons de produzir. Não há tantos kits de clones de cervejas artesanais disponíveis quanto os das comerciais, mas é possível encontrar kits do estilo de sua artesanal preferida.

ESTILO DE CERVEJA

Uma das grandes contribuições da produção caseira de cerveja é o conhecimento adquirido sobre a história da cerveja e sobre estilos que você desconhecia. Antes de serem definidos por associações, como a Brewers Association (BA) e o Beer Judge Certification Program (BJCP), os estilos eram criados por pessoas de diferentes partes do mundo que formulavam suas receitas de cerveja adequadas conforme a água, a cevada, a levedura e os lúpulos locais.

Agora, os estilos se enquadram às orientações baseadas nos exemplos comerciais centrados em tradições locais. Quando for escolher um kit com extrato, procure por categorias designadas por convenções baseadas em países, como Bélgica, Inglaterra, Alemanha e Estados Unidos, e por nomes de estilos que tragam a descrição da cor, como amber, blonde, red (âmbar, clara, vermelha) etc. Essas descrições vão levá-lo a conhecer mais sobre o kit de receita e o estilo correspondente assim que produzi-la.

Há kits de receita com extrato para muitos dos estilos de cerveja conhecidos. A primeira definição de estilo é se a cerveja é ale ou lager. As ales são fermentadas em temperatura ambiente. As lagers usam uma cepa de levedura diferente e adquirem sabor limpo e refrescante graças à fermentação em temperaturas frias. Para iniciantes, recomendamos kits de cervejas ale, porque pode fermentá-las sem comprar equipamento extra, como uma segunda geladeira.

KITS PARA 20 LITROS

Nossa recomendação para kits que rendem 20 litros apoia-se nas seguintes considerações:

- ★ A maioria dos kits é para lotes com esse rendimento.
- ★ O rendimento da maioria das receitas de cerveja caseira é a partir de 20 litros.
- ★ A quantidade de tempo e esforço necessários para produzir 20 litros é praticamente a mesma que para volumes menores.
- ★ O tipo de caldeirão de brassagem necessário é o mesmo que para um lote de 4 litros, então por que não fazer mais cerveja?
- ★ O espaço necessário para guardar o equipamento e os materiais é só um pouco maior do que o necessário para um lote de 4 litros.
- ★ Em vez de 10 garrafas de cerveja, vai ter cerca de 50 – mais para dividir com os amigos.

CLONE DE CERVEJA

Kits com receitas de clones são desenvolvidos especialmente para que se possa produzir uma cerveja com sabor similar ao de uma artesanal específica. Nos Estados Unidos, existe à venda um bom número de kits com extrato para fazer clones de cerveja. Alguns, inclusive, identificam qual será clonada. Por exemplo, em uma loja, um kit clone da Guinness Irish stout pode ter exatamente esse nome, mas, por questões de violação de propriedade intelectual, em outra um kit semelhante é chamado de classic dry Irish stout, ou seja, é uma referência ao nome registrado e ao estilo (a Irish stout mais "clássica" certamente é a Guinness). Não importa o nome, esses kits de receita são uma grande oportunidade de produzir em casa mesmo se estiver inseguro quanto ao estilo, mas conhecer a cerveja.

Rendimento dos kits

Outro critério para escolha ao pesquisar kits de receita diz respeito ao rendimento total. No capítulo anterior, recomendamos lotes de 20 litros. A maioria dos kits comercializados são preparados para produzir um volume de 20 litros. Existem opções para rendimentos menores, e, dependendo do seu relacionamento com o fornecedor local, há a possibilidade de encomendar kits personalizados de acordo com a quantidade que queira produzir.

Ao considerar kits com rendimento menor, lembre-se de que vai precisar de equipamentos menores, como fermentador e airlock.

Tipos de levedura

No mercado cervejeiro, existem leveduras secas (em pó) e líquidas, de diferentes produtores, com diversos preços (para saber mais sobre levedura, ver p. 62). As cepas de levedura fornecidas no kit são as adequadas ao estilo da cerveja escolhido ou, no caso de kits para clones, as que se aproximam da cepa usada pelas cervejarias comerciais.

Como foram pré-selecionadas pelo fornecedor, você pode confiar na escolha entre as leveduras oferecidas para determinado estilo. Mas, quando estiver produzindo no método *all-grain* e for escolher a levedura sozinho, sobretudo em uma compra *on-line*, considere o aspecto da temperatura para conservação nos meses de verão. A levedura seca é mais apta a permanecer viável em temperaturas quentes por longos períodos do que a líquida. Fora isso, sinta-se livre para escolher a levedura e deixar sua marca na cerveja que está prestes a produzir. Há mais informações sobre as variedades de leveduras no capítulo 3.

MELHORES KITS DE CERVEJA PARA O PRIMEIRO LOTE

Está pronto para escolher um kit de receita, mas não sabe qual? Apresentamos aqui algumas sugestões para o primeiro lote, o segundo e até o terceiro! Os kits vinculados a marcas específicas podem não ser encontrados no Brasil, mas consulte as lojas especializadas para saber mais sobre opções disponíveis.

AMBER ALE: Quando começamos, o primeiro kit que produzimos foi desse estilo. Ainda é uma escolha popular para a estreia no mundo cervejeiro (mas não precisa ser a sua). Os kits de amber ale resultam em uma bebida com boa cor e sabor maltado.

OATMEAL STOUT: Os kits de stout garantem uma boa cerveja caseira. Se quiser testar algo com um ingrediente interessante, experimente um kit de oatmeal stout. A aveia dá uma sensação escorregadia ou "borrachuda" na boca e é saborosa em noites de inverno.

CREAM ALE: Se deseja produzir uma cerveja clara e refrescante, tente a cream ale. Legítima representante do estilo americano, ela foi criada para competir com a leve American lager. Ótima para o verão.

CHOCOLATE CHERRY PORTER: Se quiser algo que combine ingredientes incomuns, sem dúvida deve procurar a Chocolate Cherry Porter da Beer & Wine Hobby.

CITRA SESSION PALE ALE: Ales lupuladas viraram moda, e este kit de receita da MoreBeer! concentra-se em lúpulos Citra. Esse kit permite produzir uma cerveja com teor alcoólico moderado, mas muito saborosa.

BLUE MOON® CLONE LUNAR SHOCK: Também da MoreBeer!, esse clone da Blue Moon é sucesso garantido. Muitas pessoas gostam dessa cerveja e ficariam felizes se você usasse esse kit de receita.

SIERRA MADRE PALE ALE: Esse kit com extrato da Northern Brewer é uma homenagem à Sierra Nevada, uma das artesanais pioneiras nos Estados Unidos. Com ele, você vai produzir um clássico.

GAARDEN HOE WITBIER: Clone da Witbier belga não filtrada da Hoegaarden, a receita dá todas as orientações para produzir essa cerveja refrescante e clássica, com seus ingredientes tradicionais, o coentro e as raspas de laranja.

INGREDIENTES DE KITS DE CERVEJA

Depois de comprar o primeiro kit, você precisa experimentar a alegria de tirá-lo da caixa. Cada um contém ingredientes diferentes, mas tratamos aqui dos principais, para que você tenha uma boa compreensão do que comprou.

Extratos de malte

Como descrevemos antes, o extrato de malte é o produto obtido após a fervura da cevada maltada em temperatura controlada – processo conhecido como brassagem. Os grãos são moídos e misturados com água quente por um período determinado a fim de extrair dos cereais o açúcar necessário para a produção de cerveja. Os kits podem vir com o extrato de malte líquido ou seco, em pó. Alguns têm extrato nas duas formas.

ÁGUA

Um dos ingredientes mais importantes da cerveja – já que constitui a maior parte da bebida – e, francamente, mais incompreendidos é a água. Para iniciantes, o conselho convencional sobre o tipo de água que devem usar se resume a: se tiver gosto bom, pode fazer cerveja com ela. Certamente essa noção vale quando se produz cerveja com extrato. Usar água filtrada é a opção mais econômica para cerveja caseira. Se tiver dúvida quanto à qualidade da água, compre-a engarrafada. Água mineral também funciona bem. No próximo capítulo, explicaremos por que comprar garrafões de água e refrigerá-los antes de produzir a cerveja pode ajudar o mosto a atingir a temperatura de fermentação em menos tempo.

Há diferentes tipos de extrato, classificados conforme o malte usado para prepará-lo ou, em geral, pela cor do extrato. Apresentamos mais detalhadamente os tipos de extrato no capítulo 4.

Lúpulos

Lúpulos são os agentes de aroma e sabor que complementam e equilibram o malte na cerveja. A maioria dos kits traz lúpulos em forma de *pellet*, pastilhas prensadas do pó obtido das flores de lúpulo secas, trituradas e liofilizadas. Esse formato aumenta seu tempo de armazenamento e facilita a adição à cerveja. Alguns kits incluem flores inteiras de lúpulo embaladas soltas. As flores inteiras de lúpulo também podem ser encontradas prensadas em discos, os chamados *plugs*, que duram mais, mas são difíceis de dividir em quantidades menores em comparação com a medição feita com flores inteiras de lúpulo avulsas.

Dependendo do kit, você pode receber diversos pacotes de lúpulo de variedades diferentes. É importante identificá-los e seguir as instruções incluídas no kit quando for adicioná-los durante a produção. Você vai encontrar mais informações sobre lúpulos no capítulo 4.

Levedura

Em alguns kits, você pode escolher a levedura para qualquer kit de receita que comprar. Manipule as leveduras com cuidado, porque elas são organismos vivos que transformam o mosto em cerveja. Leia mais sobre leveduras e fermentação no capítulo 3.

Infusão/Grãos especiais

Alguns kits trazem maltes ou grãos especiais que precisam ser colocados em água aquecida em determinada temperatura para transferirem seus sabores para a cerveja. Com essa pequena quantidade de grãos, vai ter a oportunidade de aprender como trabalhar com eles. Grãos especiais também conferem uma sensação maior de frescor ao sabor do extrato de malte. O capítulo 4 tem mais informações sobre os tipos de grãos especiais que podem ser incluídos em kits.

Ingredientes adicionais para saborizar

Em alguns kits de cervejas mais complexas, haverá adjuntos que dão sabores únicos que não podem ser extraídos do malte ou do lúpulo. Por exemplo, porter com chocolate e cereja terá cacau em pó e extrato da fruta. Mais informações sobre ingredientes adicionais estão no capítulo 5.

INGREDIENTES NÃO INCLUÍDOS EM KITS

É importante ler as instruções da receita antes de comprar o kit, porque você poderá precisar de ingredientes que não estão incluídos. Algumas receitas dos kits demandam o uso de raspas de casca de laranja ou vodca para preparar algum extrato, como de baunilha. Lendo as informações do kit previamente, você consegue preparar antes de comprá-lo (além de estar municiado com todo o conhecimento que reunimos neste livro).

SEU PRIMEIRO LOTE

Viva! Chegou a hora de começar sua primeira produção. Vai começar uma empreitada incrível que lhe surpreenderá a cada gole. Conforme se dedicar a fazer sua própria cerveja, terá sempre uma percepção mais profunda de suas artesanais preferidas.

Este capítulo vai conduzi-lo passo a passo pela produção do primeiro lote. Já aprendeu sobre o equipamento e os ingredientes, agora vamos juntá-los para fazer algo maior do que a soma das partes: CERVEJA!

Talvez você já tenha comprado um kit com extrato ou, impaciente, tenha pulado este capítulo e adquirido os ingredientes de uma de nossas receitas do capítulo 4 (que vergonha!). Mas ler este capítulo antes de começar vai aliviar um pouco a ansiedade em relação ao processo. Você não vai querer se preocupar com o que vem adiante enquanto estiver concentrado no primeiro passo.

PASSO A PASSO ILUSTRADO

Instruções rápidas para ajudá-lo a estruturar seu dia de produção.

1. Na véspera, coloque parte (15 litros) da água do lote na geladeira para esfriar.
2. Reúna tudo o que vai precisar ao longo do processo, inclusive acessórios e produtos de limpeza.

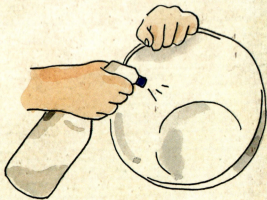

3. Limpe e depois sanitize o fermentador, a tampa e o airlock. Coloque o fermentador à parte, preenchido com sanitizador.
4. Leia as instruções da receita ou do kit de receita e organize os ingredientes na ordem que for usá-los.
5. Se for usar extrato de malte líquido, mergulhe o pacote em água quente para soltá-lo e deixá-lo mais fluído para despejar.

44 FAÇA SUA CERVEJA

6. No caldeirão, coloque a parte restante da água que será aquecida para o lote.

7. Se a receita pedir grãos especiais, prepare-os e coloque-os na água seguindo as instruções.

8. Depois da infusão dos grãos, acrescente mexendo o extrato de malte ou, se não houver adição de outros grãos, apenas despeje o extrato à água no caldeirão.

9. Ponha o caldeirão para ferver, destampado, monitorando a temperatura para não espumar e transbordar.

10. Quando a água ferver, adicione os lúpulos de amargor. Acrescente lúpulos adicionais conforme as instruções.

SEU PRIMEIRO LOTE 45

11. Quando o mosto estiver pronto, acrescente a água resfriada ao fermentador. Depois, transfira o mosto do caldeirão para o fermentador.

12. Verifique a temperatura; quando estiver entre 18 °C e 22 °C, adicione (inocule) a levedura.

13. Retire uma amostra e registre a densidade específica com o densímetro.

14. Tampe o fermentador e agite-o para aerar o mosto para a levedura.

15. Leve o fermentador para o local onde ficará por 10 a 14 dias.

16. No último dia de fermentação, verifique a densidade final e compare-a com a final estimada pela receita. Alguns dias depois (2 a 3 dias), verifique novamente. Se a leitura da FG estiver estável, já pode engarrafar.

17. Limpe e sanitize garrafas, tampas, tubo de trasfega e mangueira.

18. Faça o *priming*.

19. Instale o tubo de enchimento no balde de engarrafamento.

20. Transfira o *priming* para o balde de engarrafamento.

21. Trasfegue a cerveja do fermentador para o balde de engarrafamento.

22. Encha e tampe as garrafas.

23. Condicione as garrafas em lugar aquecido por 10 a 14 dias.

24. Resfrie uma garrafa de teste, depois abra e saboreie.

25. Armazene as garrafas restantes na geladeira ou em local fresco. Proteja a cerveja engarrafada da luz e de amigos, vizinhos e familiares muito sedentos.

PREPARATIVOS PARA O DIA DE PRODUÇÃO

Nesta seção, explicaremos detalhadamente os aspectos de cada etapa apresentada no "Passo a passo ilustrado" (pp. 44-47). Leia tudo com atenção antes de começar a produção, para que não tenha dúvidas quando estiver efetivamente dando sequência à produção. Se tiver comprado um kit de receita, leia com calma as instruções que o acompanham. Para qualquer receita, siga as instruções referentes à adição de ingredientes específicos e ao momento em que deve acrescentar os lúpulos ou outros adjuntos.

Leia a receita

Na véspera, leia a receita ou defina o extrato de malte que vai usar e a quantidade. A receita também indica o volume de água necessário para começar – em geral, para uma produção de 11 litros, começamos com 4 litros de água e adicionamos todo o extrato. Depois, acrescentamos água suficiente para atingir de 7,5 a 9,5 litros. Preste atenção ao volume total que vai colocar no caldeirão de brassagem. Os primeiros estágios da fervura geram boa quantidade de espuma. Trataremos de como lidar com a espuma mais adiante neste capítulo, mas tenha em mente o espaço livre que precisará ter no caldeirão, para que o mosto permaneça nele enquanto ferve e não transborde e se espalhe sobre o fogão.

Para a primeira produção com extrato, recomendamos que compre seis garrafões de 4 litros de água mineral. Ponha os garrafões na geladeira na véspera da produção. Com base na receita, retire a quantidade que vai precisar para começar a fervura, mas deixe o restante na geladeira para mantê-los resfriados, uma vez que, depois da fervura, essa água será essencial para esfriar o mosto.

Mantenha tudo limpo

Reserve um bom tempo antes do início da produção para proceder a limpeza total do equipamento. O caldeirão de brassagem, a colher, o fermentador e outros itens que entram em contato com a cerveja (funis, tubos, tampas etc.) precisam estar limpos. Preste atenção redobrada a qualquer peça do equipamento que vai entrar em contato com o mosto depois da conclusão da fervura. Esses itens precisam ser sanitizados. Fermentador, airlock e colher (se for usá-los depois da fervura) devem ser mergulhados em sanitizador, seguindo as instruções do rótulo. Não precisa perder tempo sanitizando utensílios que não encostam no equipamento e/ou nos ingredientes pré-fervura (como chaleira ou tesoura para abrir sacos de lúpulo ou extrato).

Observação importante: reserve a solução sanitizante no dia da produção em um balde extra (o balde de engarrafamento funciona bem para isso) ou outro recipiente grande, assim poderá sanitizar novamente a colher ou o airlock, caso caiam no chão.

Reúna e ordene os ingredientes e o equipamento

A receita vai indicar a ordem em que deve adicionar os extratos, lúpulos e adjuntos, como especiarias e aromatizantes. Se a receita pede adições de lúpulos em tempos diferentes (ver mais sobre isso na p. 54), coloque-os em copos descartáveis identificados com o tempo adequado (60 minutos, 10 minutos etc.). Uma boa sugestão é escrever nos copos com caneta pincel atômico ou marcadora permanente, dispondo-os, em fileira, na ordem em que serão adicionados ao caldeirão, para não se equivocar.

Depois de limpar e sanitizar o equipamento principal, organize-o para não precisar procurar algo só na hora que precisar dele. Reservar um tempo para a organização vai permitir um dia de produção sem tropeços.

A FERVURA DO MOSTO

O mais interessante é que a principal parte do dia de produção não é gasta fazendo cerveja. A primeira coisa a fazer é o mosto, que é a cerveja não fermentada. Como dissemos em capítulos anteriores, o mosto é uma sopa fervente de extratos de malte, lúpulos e outros ingredientes. Como diz o ditado: "Os cervejeiros fazem mosto, a levedura faz cerveja". Esta seção orienta como preparar um bom mosto, para que a levedura faça seu nobre trabalho de transformá-lo em cerveja na sequência.

A infusão dos grãos

Se a receita pede a infusão de grãos especiais para sabor ou cor, é preciso moê-los previamente. Caso você não tenha pedido para a loja em que adquiriu entregá-los já moídos, e se não tiver um moinho manual (um investimento de bom custo-benefício, caso queira aderir posteriormente ao método *all-grain*), você pode tentar o seguinte método "alternativo": coloque os grãos em um saco plástico com fecho zip e bata com rolo de massa até triturar levemente – lembre-se, o objetivo não é transformar em um pó, só quebrar um pouco os grãos. Em seguida, transfira os grãos para um saco de musselina para infusão (*grain bag*). Coloque o saco de grãos na quantidade de água especificada para fervura na receita enquanto ela estiver abaixo de 76 °C. Não deixe o saco encostar no fundo do caldeirão; para isso, amarre-o na alça de fora ou use um prendedor para suspendê-lo. Deixe em infusão por 20 a 30 minutos ou conforme as instruções. Ao removê-lo, é preferível deixá-lo escorrer do que espremê-lo. Uma opção é colocá-lo em um escorredor sobre uma tigela grande na bancada, enquanto o caldeirão segue aquecendo até atingir a fervura. Quando perceber que não há mais líquido escorrendo, acrescente o que colheu na tigela ao caldeirão assim que a fervura começar.

Adicione o extrato de malte

Se sua receita não contempla a infusão prévia de grãos especiais moídos, você pode simplesmente colocar a quantidade de água específica para a fervura no caldeirão, ligar o fogo e monitorar a temperatura para, quando estiver prestes a ferver, poder adicionar o extrato de malte. Mas, se estiver trabalhando com extrato de malte líquido (LME, *liquid malt extract*), vale um pré-preparo. Essa variedade de extrato é um xarope espesso e, para facilitar a transferência do xarope da embalagem para a fervura, sugerimos que mergulhe o(s) recipiente(s) de LME em água quente (em outra panela, não no caldeirão de fervura), para torná-lo mais fluido. Em geral, colocamos os recipientes em uma tigela com água quente. Quanto mais o LME for aquecido, em um tempo ideal de 15 a 20 minutos, mais fluido fica, e isso agiliza bem a adição no caldeirão de fervura.

Quando a água estiver prestes a ferver, adicione o LME. Retire o caldeirão do fogo, sem desligar a chama do fogão, antes de fazer isso. Por sua densidade, o LME vai chegar ao fundo do caldeirão e pode queimar se permanecer em contato com o metal quente. Mexa enquanto adiciona o LME, para que ele não grude no fundo do caldeirão. Se tiver aquecido bem o

LME, a maior parte sairá com facilidade da embalagem, mas no fundo pode ficar um resto. Para extrai-lo, misture-o com um pouco do líquido quente do caldeirão: coloque algumas colheradas no recipiente, agite para dissolver o que estiver grudado nas laterais e despeje em seguida no caldeirão. Se a receita indicar extrato de malte seco (DME, *dry malt extract*), em pó, é melhor adicioná-lo enquanto a água estiver morna, mas não quente. O vapor da água faz o DME formar grumos nas laterais da embalagem plástica conforme cai no caldeirão. Aqueça a água a 49 °C e mantenha a embalagem de DME apoiada sobre a bancada para que o conteúdo se concentre no fundo da embalagem. Com a tesoura, corte um dos cantos superiores do saco plástico para que o conteúdo possa fluir através dessa abertura. Retire o caldeirão do fogo, sem desligar a chama do fogão, e adicione o DME pouco a pouco, mexendo com a colher. Dissolva-o completamente antes de recolocar o caldeirão no fogo. Continue a mexer enquanto o mosto aquece. O calor combinado à ação de mexer colabora para que o extrato se misture bem.

TEMPOS ALTERNATIVOS DE ADIÇÃO DE EXTRATO

A receita pode indicar a adição de parte do extrato em uma etapa mais adiante no processo. Essa tática serve para evitar que o extrato escureça demais a cerveja e que a levedura aumente o amargor, o sabor e o aroma do lúpulo em um mosto menos diluído. Para o primeiro lote, siga as instruções da receita. Para lotes futuros, se não houver orientação na receita sobre adições escalonadas de extrato de malte à fervura, experimente dividir a adição do extrato.

Controle a espuma

Assim que todo o extrato de malte for adicionado à água, deixe que atinja a fervura, com grandes bolhas se agitando – a fervura deve ser vigorosa o suficiente para circular ativamente o mosto, mas não tão agressiva que ele corra o risco de transbordar ou queimar enquanto você adiciona os lúpulos (ver abaixo). Evite a todo custo que transborde porque, acredite, as superfícies atingidas (fogão, piso) vão ficar bem grudentas! Conforme o mosto ferve (e mesmo quando está prestes a ferver), ele pode fazer muita espuma, e é preciso controlá-la. Se ficar muito intensa, desligue o fogo ou abaixe-o para diminuir a fervura. Mexa delicadamente o alto da fervura com a colher/pá cervejeira, para reduzir a espuma e evitar que fique muito espessa e transborde. Outra dica é retirar a espuma que vai se formando na superfície com uma escumadeira e descartá-la na pia. Essa espuma pode conter impurezas e não é bom que isso volte para a cerveja, o que acontece se simplesmente mexermos. Em geral, a espuma para de se formar depois de 15 a 20 minutos de fervura. Se ficar atento para controlar a espuma no início da fervura, ela acabará por desaparecer.

Adicione os lúpulos

Quando o mosto estiver fervendo, marque o tempo total necessário para a fervura de acordo com a receita – em geral, 60 minutos, apesar de que, se estiver usando extrato pré-lupulado, as instruções podem demandar uma fervura reduzida. As adições de lúpulo normalmente são listadas conforme o tempo de permanência na fervura. Por exemplo, se a receita indica fervura total de 60 minutos, uma adição de lúpulo de 60 minutos vai para o caldeirão assim que a fervura começa. Uma adição de 10 minutos acontece quando restarem 10 minutos do tempo total marcado para a fervura, que, neste exemplo, seriam 50 minutos após começar. Algumas receitas são programadas para fervuras mais longas ou curtas, mas, assim que entender o tempo das adições de lúpulo, vai ser capaz de adicionar diversos lúpulos em diferentes momentos sem problema. Preste atenção que algumas adições de lúpulo podem recomeçar o processo de formação de espuma, portanto fique com a colher à mão para dispersá-la. Após cada adição de lúpulo, é preciso levar o mosto a uma fervura vigorosa, por isso controle a chama para chegar a esse ponto. Não se afaste do caldeirão durante todo o processo para garantir que seu primeiro lote dê certo.

Existem duas outras técnicas para adicionar lúpulos à brassagem: *first wort hopping* (FWH, lupulagem no primeiro mosto, ver p. 88) e *dry hopping* (lupulagem seca, ver p. 87).

RESFRIAMENTO DO MOSTO

Depois de ferver o mosto, antes de levá-lo ao fermentador, é necessário resfriá-lo. Em temperaturas altas próximas à da fervura, o mosto estará muito quente para a adição, ou inoculação, da levedura, e isso poderia matá-la. O resfriamento, portanto, deve ser feito o mais rápido possível por três razões.

Primeiro, você acabou de fazer um lote grande de uma solução adocicada, ambiente perfeito para todos os tipos de microrganismo se instalarem. Ao resfriar o mosto rapidamente, poderá inocular a levedura e vedar o fermentador antes que outras criaturas microscópicas não desejadas tomem conta dele.

Segundo, com o resfriamento rápido, a proteína em excesso do extrato de malte forma sedimentos que tendem a se assentar no fundo do balde após a fermentação, o que facilita descartá-las antes de transferir a cerveja fermentada para o balde de maturação/engarrafamento. Essa ação ajuda a clarificar a cerveja, algo essencial para quando estiver pronta para consumo. Você saboreia antes com os olhos, portanto uma cerveja cristalina é mais atraente.

Por último, o sabor do lúpulo muda conforme permanece mais tempo no mosto quente. Resfriá-lo rápido mantém o perfil do lúpulo que a receita definiu com a programação de tempo das adições.

O método mais simples de resfriar o mosto sem depender de equipamento extra requer algumas medidas que devem ser tomadas de antemão. Deixe a maior quantidade possível da água do lote na geladeira desde a véspera. Aconselhamos de 11 a 15 litros. Acrescente a água gelada ao fermentador, depois adicione o mosto quente. Mas lembre-se: sanitize meticulosamente

TODAS as superfícies pelas quais essa água vai passar. A mistura de água fria e mosto quente vai garantir a temperatura certa para inocular a levedura.

O mosto deve atingir uma temperatura entre 18 °C e 21 °C antes da inoculação. Se perder essa gradação, muitas leveduras ficarão bem até 24 °C a 26°C. Será bom ter tanta água resfriada quanto puder para conseguir atingir essa faixa de temperatura. Assim, terminar a fervura com 4 a 5,5 litros de mosto quente significa que vai precisar de 13 a 15 litros de água fria para que ocorra a queda de temperatura necessária.

TRANSFERÊNCIA DO MOSTO PARA O FERMENTADOR

Se for usar balde fermentador, acople uma das pontas da mangueira de transferência (devidamente sanitizada) na torneira da panela ou do caldeirão, deixe a outra ponta posicionada dentro do balde e transfira o líquido. Ou posicione a panela de modo que fique mais alta do que o balde, abra a torneira e deixe o líquido escorrer para o balde que já contém água fria. Não despeje o mosto do caldeirão diretamente no fermentador sanitizado, pois pode ocorrer oxidação. Lembre-se de que o caldeirão está com líquido quente e tome cuidado para não respingá-lo em você.

Se for usar um *carboy* com abertura estreita, transfira o mosto através de um funil grande sanitizado, devagar e cuidadosamente. Se o garrafão for de vidro, coloque primeiro a água fria, pois a alta temperatura do mosto pode fazer o garrafão rachar e quebrar.

Quando o mosto e a água estiverem juntos, sele o fermentador e gire-o. Esse movimento vai misturá-los, além de aerar um pouco o mosto, algo muito útil para o próximo estágio: a fermentação.

INOCULAÇÃO DA LEVEDURA

Se o mosto estiver na faixa de temperatura adequada para adicionar a levedura (18 °C a 21 °C), adicione-a o mais rápido possível. Se o mosto ainda estiver com a temperatura acima da apropriada, não entre em pânico. Tampe o fermentador sem adicionar (ou inocular) a levedura e espere o mosto esfriar mais, usando o termômetro de fita adesiva para monitorar a temperatura. Se o balde couber em sua geladeira, pode ser uma alternativa para apressar o esfriamento, ou, dependendo da estação, deixá-lo no quintal também vale. Só verifique a temperatura com o termômetro sanitizado depois de algum tempo e não deixe o mosto esfriar demais (a essa altura, quando o recipiente ainda está acessível, prefira usar o termômetro flutuante). Deixe o airlock instalado enquanto o mosto esfria para evitar a contaminação do ar externo.

Assim que esfriar, inocule a levedura diretamente da embalagem para o mosto. A levedura seca pode ser polvilhada sobre o mosto, enquanto a líquida deve ser despejada. Assim que inocular a levedura, sele o fermentador e gire-o novamente para garantir uma boa mistura. Pode adicionar mais de um envelope de levedura. Um envelope extra é útil para cervejas que têm uma densidade original mais alta (1,065 OG e acima, ou se a receita tiver ABV entre 6% e 7%). Para os objetivos deste livro, recomendamos dois envelopes de levedura. Uma técnica mais avançada seria a do *starter* de levedura, na qual, a partir do conteúdo de uma embalagem de levedura, com um preparo simples, você aumenta a quantidade desses microrganismos; isso está além do que cobrimos até aqui, mas vale a pena mencionar que existe essa possibilidade.

Quando a levedura estiver inoculada, parabéns, você terá feito a sua parte! Verifique se a tampa ou a rolha estão firmes e fixe o airlock. Preencha o airlock com um pouco de água ou da solução sanitizada que guardou. Verifique o airlock de vez em quando durante o processo de fermentação para assegurar que ele não fique seco; para isso, adicione mais água ou um bocadinho de vodca se notar que o nível de líquido está baixo. Confira novamente se o fermentador está bem fechado e selado, e vamos tratar da próxima etapa da sua jornada cervejeira.

FERMENTAÇÃO

A fermentação é a fase em que a levedura transforma o mosto adocicado em cerveja, sendo a parte mais importante para a produção de uma grande cerveja. Uma receita ótima com fermentação medíocre rende uma cerveja pobre, enquanto uma ótima fermentação pode render uma cerveja excelente a partir de uma receita mediana. Inocular a levedura é simples. Depois disso, siga os próximos passos para assegurar uma boa fermentação, em que a levedura cumpra sua tarefa e lhe forneça sua cerveja artesanal preferida.

Levedura: a alma de tudo

Antes de nos aprofundarmos na fermentação, vamos conhecer a levedura que vai usar. A levedura da cerveja, *Saccharomyces cerevisiae*, é um microrganismo classificado como fungo. Como todas as leveduras, ela metaboliza os açúcares a partir do processo chamado fermentação, que é a conversão de açúcares (glicose, frutose e maltose, por exemplo, do mosto) em etanol (álcool), dióxido de carbono (CO_2) e uma imensa variedade de componentes de sabor.

Cervejeiros do mundo todo têm cultivado leveduras por gerações, o que resulta em grande impacto na variedade de leveduras disponíveis atualmente. Na cultura cervejeira de lugares diferentes, são apreciados perfis de sabor diversos, o que explica encontrarmos muitas leveduras classificadas pelas várias regiões do mundo, como as dos estilos belga, inglês e alemão. No quadro a seguir, há uma amostra da diversidade: cada variedade é chamada de cepa, e há uma infinidade de cepas para escolher.

CEPAS COMUNS DE LEVEDURA E SUAS CARACTERÍSTICAS

LEVEDURA/ TIPO/ORIGEM	SABOR PREDOMINANTE	ESTILO DA CERVEJA
Leveduras para ales americanas	Sabores limpos de fermentação. Fermentam forte e rapidamente. Deixam os sabores e aromas do lúpulo assumirem o protagonismo.	A maioria dos estilos americanos: pale ales, IPAs, amber ales. Também funcionam para stouts.
Leveduras para ales inglesas	Fermentam devagar. Sabores levemente frutados/produção de ésteres. São excelentes para produzir cervejas com sabor maltado.	English IPAs, bitters, pale ales, brown ales e stouts. Excelentes para porters e ESBs.
Leveduras para ales belgas	Conhecidas pela produção de fenol e estilos complexos de ésteres. Uma faixa exclusiva de sabores, frequentemente com teor alcoólico alto. Fermentação forte.	Trapistas e ales de abadia. Belgian pale estendendo-a à intensa Belgian triple. Excelente escolha para ales belgas escuras e fortes.
Leveduras para ales e para lagers alemãs	Faixa ampla de temperaturas de fermentação. Fermentação muito limpa. Conhecidas por sabores muito refrescantes.	Kölsch, Altbier e Bocks. Leveduras lager são excelentes para cervejas estilo pilsener.
APLICAÇÃO ESPECIAL DE LEVEDURAS		
Levedura para Hefeweizen (ale)	Estilo alemão bem conhecido por sabores de cravo e banana; uso em mostos de trigo.	Hefeweizen, Dunkel, Weizen.
Levedura para saison	Levedura francesa/belga, supostamente derivada de uma histórica levedura de vinho branco. Fermenta a cerveja em níveis bem secos. Sabores interessantes de fruta, pimenta etc.	Saison.
Brettanomyces	Série ampla de leveduras ale que estão em um ramo evolucionário diferente da levedura tradicional. Algumas produzem sabores ácidos, *funky*, que lembram couro e tabaco. Outras cepas são conhecidas por sabores tropicais frutados.	Ales belgas, mais comumente dos estilos lambic. Usadas também como reforçadoras de sabor em ales mais claras. Usadas em combinação com outras leveduras, podem ser usadas sozinhas para cervejas exclusivas.
Lactobacillus	Bactéria que produz ácido lático. Sabor ácido azedo/amargo.	Berliner Weisse.
Pediococcus	Bactéria que produz ácido lático juntamente com outros sabores *funky*. Não se usa sozinha. Deve ser inoculada com a *Brettanomyces*.	Frequentemente faz parte de uma mistura para produzir ales amargas complexas.

A levedura é muito sensível à temperatura. Normalmente, ela fermenta e se multiplica mais rapidamente conforme a temperatura aumenta. Cada cepa tende a influenciar as características de sabor de uma cerveja de maneira ligeiramente diferente. Fornecedores de levedura oferecem uma descrição do que esperar de determinada cepa, juntamente à sua faixa ideal de temperaturas de fermentação; preste atenção a essas orientações quando for começar. Em geral, a extremidade final da faixa de temperatura de fermentação ideal de uma cepa vai oferecer a menos expressiva de suas características. Quanto mais quente a fermentação, mais expressivas se tornarão essas características na cerveja final.

TIPOS DE LEVEDURA

Duas das maiores categorias de levedura de cerveja são a ale e a lager. Leveduras ale fermentam em temperaturas mais quentes, entre 18 °C e 22 °C. Leveduras lager, por sua vez, o fazem entre 10 °C e 13 °C. Lembrando: quanto mais baixa a temperatura de fermentação, menos expressiva fica a cepa de levedura. Esse comportamento explica por que as cervejas lager são tão reconhecidas por seus sabores limpos e neutros. A fermentação mais fria suprime grande parte do caráter da levedura. Existem, entretanto, limites para a relação temperatura-caráter. Tentar fermentar a 10 °C usando uma cepa de levedura ale, cuja temperatura ideal é 21 °C, normalmente não funciona. A levedura ale, sentindo a temperatura mais fria, adormece e segue assim, deixando o mosto sem fermentação.

Como dissemos no capítulo 2, ao comprar o kit de cerveja, muitas vezes o consumidor pode escolher a levedura, com orientação de um vendedor. O lojista vai recomendar cepas, entre as quais você deve escolher qual usar no primeiro lote. Se desejar experimentar uma cepa diferente das sugeridas na receita, recomendamos usar a regra geral sobre a origem do estilo que pretende fermentar. Isto é, se desejar fazer uma ótima Altbier alemã, selecione uma levedura para ale alemã. Se for uma American pale ale lupulada, escolha uma levedura para ale americana. O que não quer dizer que não pode variar. À medida que for produzindo mais, experimente leveduras diferentes usando a mesma receita básica do kit. Existem muitas leveduras para escolher, portanto não deve ficar sem opções ao repetir mais de uma vez um kit ou uma receita.

Fermentação primária

Depois de inocular a cepa selecionada no mosto, a levedura vai começar a trabalhar. Dentro de 12 a 48 horas, devem começar a aparecer bolhas através do airlock. Se não perceber nenhuma atividade em 48 horas, verifique se a tampa está devidamente selada. Se olhar para a cerveja e não houver espuma ou movimento da levedura, inocule mais um envelope de levedura.

Para melhores resultados na fermentação com cepas de ale, coloque o fermentador em um lugar em que a temperatura não oscile muito durante o dia e à noite, permanecendo na faixa recomendada; é importante que o fermentador esteja protegido de luz direta, seja natural ou artificial. A luz destrói os componentes de aroma do lúpulo, deixando a cerveja com cheiro de gambá. Se já se deparou com uma cerveja com esse cheiro, sabe exatamente o gosto que tem. Essa reação também é chamada de "cerveja atingida pela luz". A despensa ou um banheiro sem uso são bons lugares para armazenar a cerveja. Não deixe o fermentador na garagem ou no quintal porque são locais em que a temperatura muda radicalmente ao longo do dia e não são seguros para a cerveja. Assim que encontrar um lugar escuro que conserve a temperatura na maior parte do dia, assegure-se de que o fermentador possa ficar lá por, no mínimo, duas semanas. Em cômodos frios, aconselha-se enrolar o fermentador com um cobertor para protegê-lo contra variações de temperatura.

O mosto contém açúcares que, no início, alimentam a levedura enquanto ela cresce e se multiplica, até que a multiplicação diminui e a levedura metaboliza os açúcares em álcool e dióxido de carbono. Essa atividade é chamada de fermentação primária, cuja parte mais ativa dura de 3 a 5 dias, dependendo da temperatura, potência da cerveja e quantidade de levedura inoculada. Durante essa fase, uma camada grande de espuma chamada kräusen se forma na superfície do mosto; é algo normal. (Se usar um fermentador de vidro no primeiro lote, poderá ver a fermentação mesmo antes de surgirem bolhas no airlock.) A eliminação do dióxido de carbono produz bolhas no airlock em ritmo acelerado. Depois de algum tempo, as bolhas reduzem até desaparecerem, o que é um sinal de que a fermentação está acabando. Agora não existe mais mosto – a cerveja nasceu!

Quando a fermentação termina, é aconselhável deixar a cerveja no fermentador por mais 4 a 5 dias, prática que serve para a cerveja assentar depois de passados os sinais mais ativos da fermentação. A ideia corrente é que, embora a levedura tenha feito a fermentação, existem ainda componentes de sabor sutil que se desenvolvem a partir dela e não apresentam sinais visíveis. O período adicional de espera garante que a levedura imprima seus toques finais ao produto fermentado. A fermentação em geral dura duas semanas. Você pode transferir a cerveja finalizada para outro recipiente (fermentador secundário) apenas para que ela assente ou clarifique. Pode também deixar a cerveja um pouco mais fria nessa fase. No Brasil, alguns cervejeiros deixam o balde em uma geladeira ou frigobar, com temperatura controlada.

O meio mais seguro para saber se a cerveja já fermentou e está pronta para ser engarrafada é usar o densímetro – um instrumento que mede a densidade do açúcar em uma solução. A medição com densímetro feita no final da fermentação deve fornecer leituras semelhantes durante dois a três dias seguidos, no mínimo, para que então você tenha certeza de que a cerveja está pronta. Em geral, as instruções que acompanham os kits de receita indicam qual deve ser a densidade final. Essa informação vai ajudá-lo a decidir se a cerveja já está pronta para os próximos passos. Como já mencionamos, a maioria dos kits de equipamento inclui um densímetro. Não tenha medo de usá-lo. Desde que sanitize todo o equipamento que vai entrar em contato com a cerveja ao colher uma amostra para testar no densímetro, não há risco de contaminação. Depois de testar a amostra, não a recoloque no fermentador: pode despejá-la na pia ou bebê-la!

Ao usar o densímetro, calcule também a porcentagem de álcool por volume (ABV). Antes da fermentação, é preciso fazer uma leitura da densidade original (OG) do mosto e registrá-la. Quando a fermentação acabar, faça a leitura da densidade final (FG). Aplicando esses dois números na fórmula abaixo, você terá o ABV estimado.

A fórmula é: (OG - FG) × 131 = ABV.

Por exemplo, se o OG foi 1,045, e o FG, 1,010, o ABV da sua cerveja deverá ser 4,59%.

(1,045 - 1,010) × 131 = 4,59%

Fermentação secundária

Quando se deseja adicionar algo à cerveja finalizada após a conclusão da fermentação primária, é possível fazer uma fermentação secundária. A verdadeira fermentação secundária ocorre somente quando se adiciona algo que contenha mais açúcar, como fruta ou algum extrato. Pode usar um fermentador secundário mesmo quando o ingrediente acrescentado não tiver açúcar, como no caso de chips/lascas de carvalho ou bourbon. Tenha em mente que carvalho e pequenas quantidades de aditivos podem entrar no primeiro fermentador, desde que ele tenha capacidade para conter o volume. Se não tiver espaço, use um fermentador secundário. Não faz sentido adicionar 7,5 litros de frutas vermelhas ao lote de 19 litros de cerveja em um balde de 23 litros, por exemplo.

O tempo da fermentação secundária para adicionar sabores deve ser calculado com base no sabor que pretende imprimir na cerveja. Se estiver adicionando carvalho, por exemplo, leva tempo para a cerveja absorver seus sabores. Teste com amostras pequenas colhidas espaçadamente para determinar se está na hora de prosseguir e engarrafar a cerveja. Se estiver acrescentando frutas ou outros açúcares, vai precisar verificar a densidade final novamente para ter certeza de que a cerveja está pronta com a fermentação secundária. Espere encontrar uma densidade ligeiramente mais alta agora do que no fim da fermentação primária.

Seja criterioso ao usar o fermentador secundário. Muitas vezes, é preferível não usar o fermentador secundário para reduzir a exposição ao oxigênio e diminuir o risco de contaminação.

ENGARRAFAMENTO E CONDICIONAMENTO

Essa é a última fase do processo de produção de cerveja antes de, finalmente, degustá-la. Realizar com perfeição essa etapa significa que logo vai saborear a cerveja mais fresca que jamais bebeu. O mais importante neste ponto é sanitizar todos os itens que entrarão em contato com a cerveja finalizada. É preciso tomar o máximo de cuidado com a cerveja ao transferi-la para as garrafas.

Higienize e sanitize as garrafas e as tampas. Um lote de 19 litros, em geral, requer dois engradados de garrafas de 355 ml e tampas. São 48 garrafas. Se esse número parecer muito assustador, pode optar por garrafas de 650 ml, e serão 24. Garrafas novas precisam apenas de um enxágue com água quente, seguido de uma imersão rápida em sanitizante. Se for reutilizar garrafas, certifique-se de que estão completamente limpas antes de sanitizá-las. Em primeiro lugar, veja se não sobrou resíduo ou mofo da cerveja anterior. Uma boa prática se for reutilizar garrafas é enxaguá-las bem depois de esvaziá-las. Isso diminui o esforço despendido para limpar garrafas usadas. Se houver algum resíduo, use uma escova de lavar garrafa. Não tenha medo de reutilizar garrafas, porque é uma boa forma de cortar despesas e economizar para custear os ingredientes do próximo lote.

Por fim, sanitize o tubo de trasfega e a mangueira. E não se esqueça de sanitizar o balde de engarrafamento, a torneira e o tubo de enchimento.

Início da carbonatação

Concluída a fermentação, o mosto transformou-se em cerveja. Ao abrir o fermentador, sempre usando luvas e máscara cirúrgica, certamente vai sentir cheiro de cerveja. Se provar a amostra da leitura da densidade específica, vai perceber que, embora tenha gosto de cerveja, ela ainda estará sem carbonatação. Nesta seção, vai aprender que o processo de engarrafamento não envolve apenas o envase da cerveja, serve também para garantir a carbonatação adequada.

Para carbonatar, é preciso adicionar um pouco de açúcar de volta na cerveja. Esse açúcar vai dar à levedura algo novo para comer. Lembra-se daquele borbulhar do airlock no fermentador durante a fase de fermentação? Bem, desta vez, em vez de deixar que o dióxido de carbono escape pelo airlock, ele ficará preso na garrafa tampada. À medida que a levedura fermentar a pequena quantidade de açúcar, o dióxido de carbono vai pressionar ligeiramente a garrafa, até se dissolver completamente na cerveja, no processo chamado carbonatação natural.

O açúcar adicionado à cerveja chama-se *priming*. Qualquer um pode ser usado para o *priming*. Em geral, para um lote de 19 litros, são necessários de 113 a 128 gramas de açúcar refinado. Alguns kits trazem o que chamam de açúcar de milho. Os dois tipos são bons e não influenciam no gosto final da cerveja, mas é preciso usar um pouco mais o de milho (128 a 142 gramas) do que o comum.

O *priming* precisa ser preparado antes de ser adicionado à cerveja. Ele não deve ser simplesmente misturado por duas razões. Primeiro, porque precisa ser sanitizado, sendo fervido (lembre-se de sanitizar tudo o que for entrar em contato com a cerveja). Segundo, porque não é possível garantir que o açúcar em pó se dissolva na cerveja na rapidez exigida. Ao fervê-lo com um pouco de água, formando uma espécie de xarope, você terá uma solução que vai se integrar com mais facilidade na cerveja.

Por que isso é importante? Preparar o *priming* assegura que todas as garrafas vão ter a mesma quantidade de açúcar, portanto o mesmo nível de carbonatação. A variação na quantidade de açúcar nas garrafas pode acarretar que algumas fiquem sem gás, algumas boas e outras carbonatadas demais. Não existe fórmula mágica indicando quanto de água é preciso misturar com o açúcar. Faça apenas uma solução simples. Água demais dilui a cerveja, então 473 ml bastam. Coloque essa água em uma panelinha e adicione o açúcar já medido. Leve à fervura mexendo de vez em quando. Não precisa ferver demais; 15 minutos é tempo suficiente. Assim que a solução estiver pronta, despeje-a diretamente no balde de engarrafamento. Deve fazer isso antes de fazer a trasfega da cerveja do fermentador para o balde. Desse modo, conforme a cerveja passa de um para outro, a mistura com o *priming* vai ser feita naturalmente, sem precisar mexer ou agitar.

Alguns fornecedores produzem pequenas pastilhas de açúcar chamadas de balas para carbonatação, porque basicamente não passam disso. Devem ser colocadas nas garrafas ainda vazias e se dissolvem na cerveja bem rapidamente. A ideia é cada pastilha carbonatar uma garrafa. Basta adicionar uma pastilha em cada garrafa antes de enchê-la com a cerveja do balde de engarrafamento. As balas para carbonatação funcionam bem na maioria das vezes, mas há relatos de pastilhas que não se dissolveram completamente ou deixaram um resíduo incomum e a cerveja não carbonatou completamente nessas garrafas. Embora seja divertido testar inovações, recomendamos que prepare o *priming* e o adicione aos seus dois primeiros lotes como detalhamos, porque ele tem apresentado resultados mais consistentes do que as balas.

Envase

Com o *priming* pronto e o equipamento sanitizado, é hora de passar a cerveja do fermentador para o balde. Primeiro, despeje a solução de *priming* no balde; não tem importância se ainda estiver quente, porque o volume é muito pequeno em relação ao lote inteiro de cerveja, e a temperatura vai se estabilizar rapidamente na próxima fase. Coloque o fermentador sobre uma bancada ou mesa. Posicione o balde de engarrafamento no chão abaixo dele, para que a gravidade transfira a cerveja do fermentador para o balde.

Fique com o equipamento de trasfega/sifão pronto. Fixe a mangueira ao tubo de trasfega e coloque a extremidade reta do tubo na cerveja/fermentador. Então, lentamente, deixe a extremidade da mangueira entrar no balde de engarrafamento. O sifão puxa a cerveja para dentro do balde. Imediatamente após o início do fluxo de cerveja, suspenda o tubo de trasfega do fundo do fermentador para não puxar muita "lama" de levedura. Você verá uma cerveja bem límpida fluindo pela mangueira depois de levantar o tubo de trasfega.

Observe como a cerveja se mistura à solução de *priming*. Não tenha medo – enquanto a cerveja flui delicadamente para dentro do balde, o açúcar vai se misturar bem. Resista à tentação de sanitizar uma pá cervejeira para mexer a cerveja, porque neste momento é preciso limitar a oxigenação o máximo possível. Oxigênio em excesso deixa a cerveja oxidada. É importante também garantir que a distância entre o fermentador e o balde de engarrafamento seja suficiente para a cerveja fluir para fora do tubo de trasfega em direção ao fundo do balde de engarrafamento. A cerveja também não deve esguichar no balde por causa da mencionada oxidação.

EVITE O EXCESSO DE SEDIMENTAÇÃO NA CERVEJA ENGARRAFADA

Uma boa quantidade de levedura, proteína e lúpulo assenta no fundo do fermentador durante a fermentação. A cerveja acima desse sedimento deve estar límpida. Ao transportar o fermentador para outro local para engarrafar a cerveja, tome cuidado para não respingar o líquido. Evite chacoalhar a camada de sedimento; caso contrário, se ela se espalhar, vai turvar a cerveja. Um pouco acaba inevitavelmente no balde de engarrafamento e nas garrafas, só não queremos uma grande quantidade. A cada novo lote produzido, esse processo fica mais fácil.

Assim que toda a cerveja tiver sido transferida, pode encher as garrafas. Use uma mesa ou uma bancada para apoiar o balde de engarrafamento cheio. Se for usar o enchedor de garrafa, após sanitizá-lo, engate-o na torneira do balde; caso o diâmetro de sua torneira seja incompatível, use como engate um pedaço de mangueira, igualmente sanitizado. O objetivo do enchedor é levar a cerveja ao fundo da garrafa com o mínimo de jato (o problema da oxidação novamente) e criar o espaço livre adequado em cada garrafa para viabilizar a quantidade certa de carbonatação. Se o espaço for muito grande ou muito pequeno, corre-se o risco de a cerveja não cabonatar ou de a garrafa explodir.

Para encher a garrafa, pegue-a (limpa e sanitizada) e deslize a base do enchedor pela abertura. Essa base tem uma válvula com mola. Ao empurrar a parte interna da base da garrafa contra o enchedor, a cerveja começa a fluir para dentro da garrafa. Assim que o líquido ultrapassar em alguns centímetros a parte bojuda da garrafa, afaste-a. A válvula de mola recuará e a cerveja não fluirá mais. Ao afastar completamente a garrafa do enchedor, notará que foi criado o espaço livre perfeito. Assim que a garrafa estiver cheia, poderá tampá-la.

Como tampar as garrafas

Tampar garrafas é muito fácil. Coloca-se uma tampa nova (sanitizada previamente – você pode deixá-las em um recipiente mergulhadas em álcool 70%) na boca da garrafa. Alinhe o centro do arrolhador de duas alavancas com o topo da garrafa. No meio da parte circular do tampador deve haver um ímã para manter a tampa no lugar. Abaixe com cuidado as duas alavancas, e a tampa ficará presa à garrafa. Não precisa usar muita força. Para o primeiro lote, não custa ter algumas tampas extras para praticar com garrafas vazias antes de enchê-las. (Observação: em geral, as tampas de garrafa são vendidas em embalagens com 50 unidades, seu lote deve render 48 garrafas.) Depois de encher e tampar algumas garrafas, você vai conseguir entrar em um ritmo bom, mas, da primeira vez, talvez seja mais fácil ter a ajuda de alguém para tampar enquanto você engarrafa. Se não conseguir nenhum amigo para ajudá-lo, então precisa de novos amigos... Quando fazemos tudo sozinhos, gostamos de encher de 6 a 8 garrafas de cada vez, tampá-las e repetir o processo até concluir o lote.

Condicionamento e armazenamento

Em seguida à última fase vem o condicionamento. Nesse período, vai ocorrer uma minifermentação na garrafa para criar as desejadas bolhas na nossa cerveja. Infelizmente, não há nada que possa fazer a não ser esperar. Também não há como saber se as garrafas estão carbonatando, porque não existe nenhum indício visual. Felizmente, você tem praticado a arte de ser paciente.

O tempo normal para a carbonatação completa em um ambiente com condições de temperatura média (21 °C) é de duas semanas. Em ambientes com temperaturas médias mais baixas o processo pode levar mais tempo. Apesar do seu desejo de provar a cerveja, evite tentar apressar essa etapa colocando a cerveja em local mais aquecido do que a temperatura ambiente. A cerveja é um produto perecível, e o calor pode acelerar qualquer característica indesejada de envelhecimento. Não tenha medo – apenas tenha paciência.

Mas é perfeitamente normal pegar uma garrafa de amostra durante essa fase. Depois de cinco dias de condicionamento, ponha uma garrafa na geladeira e deixe por algumas horas. Depois, abra-a. Tome nota do sabor e do nível de carbonatação. Mantenha o restante do lote na temperatura de condicionamento.

Se quiser aperfeiçoar o experimento, repita o teste novamente no 7º, 10º e 14º dias. A mudança no sabor e na carbonatação é surpreendente.

Assim que a cerveja estiver carbonatada no nível que preferir, passe para a fase de armazenamento da cerveja. Se tiver uma geladeira só para a cerveja, coloque nela as garrafas, e elas estarão sempre prontas para você. Se não pode usar um espaço na geladeira suficiente para abrigar 40 garrafas de cerveja (menos do que as 48 originais, se tiver levado muito a sério a pesquisa de condicionamento e carbonatação), então deixe as garrafas em um ambiente mais frio, como uma despensa onde não haja incidência de sol.

A providência básica é proteger a cerveja da luz. Manter as garrafas na caixa em que vieram é suficiente. Evite guardá-las sob a luz direta do sol.

O QUE DEU ERRADO COM A MINHA CERVEJA?

Às vezes, as cervejas não saem como planejávamos. Abaixo, a lista das questões mais comuns com que pode se deparar – e soluções para ajudá-lo a resolvê-las.

PROBLEMA	CAUSA POSSÍVEL	MEDIDAS CORRETIVAS
O mosto está muito amargo.	Isso é completamente normal. Cervejas não fermentadas em geral são muito mais amargas do que o produto final.	Deixe que a levedura faça seu trabalho.
A densidade original está diferente da indicada pela minha receita.	O volume de água está muito alto ou muito baixo.	Garanta que o volume total no fermentador coincida com o do lote indicado pela receita.
	Você não tirou todo o extrato de malte líquido (LME) da lata.	Da próxima vez, tire o máximo que puder de LME da lata.
O mosto está muito quente para inocular a levedura.	A adição de água para resfriar não estava suficientemente fria.	Da próxima vez, deixe a água quase congelada, ou use menos água para a fervura para poder usar mais no resfriamento.
A levedura foi inoculada, mas não se vê atividade no airlock.	A tampa não está bem selada e o gás está escapando.	Verifique a tampa e sele-a novamente.
	A levedura não está ativa.	• Pode ser preciso esperar 48 horas para ver atividade, dependendo da saúde da levedura. • Se a levedura foi inoculada no mosto quente, ela pode ter morrido. Adicione outro envelope de levedura.
	A fermentação está muito fria.	Leve o fermentador para um local mais aquecido, preferivelmente a 21 °C.

continua >>

SEU PRIMEIRO LOTE 75

PROBLEMA	CAUSA POSSÍVEL	MEDIDAS CORRETIVAS
A cerveja fermentada está com cheiro de enxofre/ovos.	Algumas cepas de levedura produzem enxofre naturalmente. É desagradável, mas é natural.	O cheiro vai desaparecer. Deixe a cerveja continuar a fermentar.
O airlock está cheio de cerveja.	A fermentação estava muito agressiva, a levedura subiu e encheu o airlock.	Retire o airlock, limpe, sanitize e recoloque-o. Ponha mais água limpa (ou álcool 70%) nele como quando começou.
A parte de cima da cerveja está coberta com espuma verde e borbulhante.	Isso se chama kräusen. A cor varia conforme a quantidade de resíduo de levedura e lúpulo.	É normal. Pode continuar.
A cerveja não parou de borbulhar depois de 14 dias.	Uma fermentação fria prolonga o processo.	Aqueça a fermentação por alguns dias.
Minhas garrafas não querem carbonatar.	As garrafas estão muito frias para condicionar adequadamente.	Coloque as garrafas em local mais aquecido.
	Não há açúcar suficiente no *priming*.	Se tiver certeza de que não há açúcar suficiente, pode abrir as garrafas, adicionar balas para carbonatação e fechar com tampas novas.
A cerveja está carbonatada demais/faz muita espuma quando é aberta.	Adicionou-se muito açúcar no engarrafamento ou a cerveja tem contaminação microbiana.	Resfrie a cerveja, abra as garrafas com cuidado e despeje em copos. A cerveja contaminada não apresenta gosto ruim quando a contaminação é detectada logo. Ela muitas vezes tem gosto de band-aid/fenóis/desinfetante. O mais comum é que a cerveja contaminada tenha sabor e aroma normais, mas estará carbonatada demais e sairá com jato de espuma. É bom abrir as garrafas suspeitas na pia para a cerveja não se espalhar pelo chão. Espere a espuma baixar antes de bebê-la. Da próxima vez, verifique com atenção as medidas de açúcar. Limpe e sanitize bem as garrafas.

PROBLEMA	CAUSA POSSÍVEL	MEDIDAS CORRETIVAS
Garrafas explodiram.	Excesso de açúcar ou a cerveja tem contaminação microbiana. Ausência de espaço vazio na garrafa também é um fator de risco.	Refrigere as garrafas para desacelerar a carbonatação. Abra cuidadosamente as garrafas restantes, de preferência na pia. Enrole cada garrafa em uma toalha para não se cortar. Descarte o líquido.
A cerveja está com gosto amanteigado.	Esse sabor é resultado do diacetil (substância química responsável por sabor e aroma artificiais como os da pipoca de cinema). Nem sempre é um *off-flavor*, uma falha, se não for predominante. Em excesso, é desagradável. Resulta da fermentação incompleta ou deficiente.	Não engarrafe a cerveja antes de a fermentação terminar. Controle a temperatura de fermentação.
A cerveja está com gosto de band-aid/fenol.	Sabor causado por compostos fenólicos. Algumas cepas de levedura belga produzem pequenas quantidades de fenóis. Em excesso, é desagradável. Pode ser causado por fermentação quente demais.	Não deixe a fermentação excessivamente aquecida. O fenol também pode surgir da fermentação microbiana. Reveja as práticas de sanitização.
A cerveja está com gosto de levedura.	Muita levedura foi transferida do fermentador para o balde de engarrafamento.	Tome cuidado para transferir apenas cerveja límpida para o balde de engarrafamento.
A cerveja está muito turva.	Excesso de levedura em suspensão ou proteína no produto final.	Fervura intensa e resfriamento rápido ajudam com o problema da proteína. Usar um agente clarificante, como Whirlfloc, ajuda a limpar a levedura, mas precisa ser aplicado durante a fervura. Resfrie a cerveja e deixe-a assentar. Todas as cervejas clareiam com o tempo. Sirva com cuidado, deixando os sedimentos de levedura na garrafa.

PRODUÇÃO E RECEITAS COM EXTRATOS

Alguns cervejeiros caseiros optam pela produção com kit durante todo o período em que se dedicam a isso. A conveniência e a simplicidade são os responsáveis por esse apego aos kits. Mas descobrimos que muitos desejam ir além e seguir receitas da *internet* ou de livros. Avançar um passo adiante, escolher uma receita (ou até mesmo compor a própria) e reunir os ingredientes pessoalmente podem tornar tudo mais gratificante.

Neste capítulo, apresentamos 30 receitas de cerveja caseira. Escolhemos uma variedade que abrange os estilos de cervejas consagradas e aqueles que a maioria dos iniciantes quer aprender a produzir. Cada receita traz a descrição daquilo que deve esperar na cerveja finalizada. Quando sentíamos que uma receita era muito próxima de uma cerveja artesanal comercial que a inspira, incluíamos isso também na descrição. Você vai descobrir que 19 receitas fazem referência a excelentes cervejas artesanais comerciais para ajudá-lo a prever qual será o perfil final da receita.

EXTRATOS MALTADOS

Como dissemos no primeiro capítulo, o extrato de malte exige menos trabalho e tempo para a produção caseira de cerveja. Quem faz cerveja a partir do método *all-grain*, de certa forma, parte da preparação do seu próprio extrato de malte durante a brassagem, mas, sem dúvida, em uma escala muito menor que a dos produtores industriais, que o fabricam para diversas aplicações, como aromatizar cereais matinais ou para cervejeiros caseiros como nós. (Se você leu até aqui, com certeza é um de nós.)

MATERIAL ADICIONAL QUE TALVEZ PRECISE COMPRAR

Se estiver trabalhando com receitas que encontrou pesquisando, a preparação é a mesma para kits de receita. Relacionamos aqui alguns itens para adquirir e facilitar sua produção.

BALANÇA: As receitas de kits vêm com ingredientes pré-medidos, então não é preciso pensar na quantidade que será adicionada ao caldeirão. Nem sempre é possível comprar os ingredientes na quantidade exata que a receita pede, portanto é preciso ter em casa um meio para pesá-los. Para pesar lúpulos, extrato de malte seco ou grãos especiais, uma balança que cubra a faixa de 1 g a 2,2 kg é suficiente e garante essa tarefa.

GRAIN BAG (SACO DE MUSSELINA PARA GRÃOS): Útil para conter os grãos especiais durante a infusão no caldeirão. Os sacos têm preço acessível, são reutilizáveis se forem bem lavados e secos depois de cada uso, mas é uma boa ideia comprar muitos deles para uso futuro. Se quiser investir um pouco mais, adquira um *grain bag* de náilon, que é mais durável do que o de musselina.

Os extratos são obtidos mediante a imersão em água quente de cereais maltados, sobretudo cevada, mas outros, como trigo, também são usados. A temperatura da água ativa as enzimas presentes no malte, que quebram o amido transformando-o em açúcar. O processo produz um líquido adocicado que se concentra na forma de xarope, conhecido como extrato de malte líquido (LME), ou seco em forma de pó, conhecido como extrato de malte seco (DME).

Nas receitas baseadas em extratos, eles fornecem a base açucarada da qual a levedura vai se alimentar e transformar o mosto em cerveja! Algumas receitas pedem grãos especiais, que podem ser adicionados ao conteúdo de açúcar fermentável do mosto, mas a maioria deles só fornece aroma e cor. O extrato é quem dá à levedura aquilo de que ela precisa.

Existem diferentes tipos de extrato de malte à venda, tanto na forma líquida quanto na seca. O quadro a seguir traz uma amostra dos tipos encontrados em lojas especializadas e informações sobre cada um deles.

Extrato de malte líquido (LME) vs. Extrato de malte seco (DME)

Apesar das formas diferentes, ambos podem ser usados para produzir ótimas cervejas. Há diferenças entre os dois e, depois de experimentá-los, você pode preferir um ao outro. Cada um apresenta prós e contras, que devem ser conhecidos antes de planejar o dia da produção.

O LME foi o primeiro tipo que usamos quando começamos a produzir cerveja caseira. Naquele tempo, ele vinha em recipientes de alumínio que precisavam ser abertos com abridor de lata. Agora, ele vem em recipientes ou jarras de plástico com tampas fáceis de abrir.

A maior vantagem de usar LME é a variedade à venda. Pesquisando, descobrimos alguns específicos para cervejeiros caseiros feitos com maltes tradicionais, como o Maris Otter. Os extratos secos não parecem ter esse nível de especificidade; tendem a ter descrições mais genéricas de suas origens.

Dependendo de onde comprar, o LME pode ser mais barato por unidade do que seu correspondente seco. Se for comprar uma quantidade pequena de extrato de malte, o LME pode ser mais econômico.

Trabalhar com LME pode ser bem rápido se souber planejar. Se aquecê-lo antes de levar à fervura a água do caldeirão, ele escorrerá com mais facilidade do recipiente. Se mexer o caldeirão enquanto o adiciona,

MEDIÇÃO DA COR

Há duas unidades de medida similares usadas para descrever a cor na produção de cerveja. Lovibond (medida em graus, °L) refere-se à cor do malte e do extrato de malte. Quanto mais elevado o número, mais escuro o malte. Quando se trata da cor da cerveja, a unidade de medida mais usada é SRM (Standard Reference Method), que foi criada por químicos cervejeiros (sim, existe essa profissão) para quantificar a cor da cerveja. Em geral, e para simplificar, os índices de malte Lovibond e a cor final SRM são muito próximos. Por exemplo: colocar 2,2 kg de extrato de malte 3° L em 19 litros de água resulta em uma cerveja com cerca de 3 SRM. Do mesmo modo, acrescentar 2,2 kg de cevada torrada 500 °L em 19 litros de água, resultaria em 500 SRM. Mas não faça isso, seria uma cerveja horrorosa. Só queremos demonstrar que determinar a cor final da cerveja (SRM) é uma relação complexa entre quanto cada malte contribui (em Lovibond) por peso e o volume de água para se fazer o mosto.

TIPO DE EXTRATO DE MALTE	DESCRIÇÃO	ESTILOS DE CERVEJAS SUGERIDOS
Extrato de malte pilsner	Feito de malte pilsner, que é claro, 1,5° L a 3,0° L. Quando usado sozinho, ele vai produzir o mosto mais claro.	Usado em cervejas muito claras, como a blonde ale.
Extrato gold ou golden	Ligeiramente mais escuro do que o pilsner. Inclua um pouco de maltodextrina para garantir corpo e retenção de colarinho.	Pode ser usado para pale ales.
Extrato de malte âmbar	Geralmente feito com uma mistura de Munich e maltes caramel/crystal 60 °L, vai produzir um mosto de cor – adivinhou – âmbar, com sabores fortes de malte e caramelo.	Pode ser usado com grãos especiais ou sozinho em estilos como amber ou brown ales.
Extrato de malte dark	Quando usado com um pouco de malte black juntamente dos maltes pale, caramel e Munich, esse extrato produzirá um mosto escuro, com cor de cerca de 30 °L.	Pode ser usado em todos os estilos de cerveja escura, incluindo porters e stouts.
Extrato de malte Munich	Em geral, produzido com uma mistura meio a meio de maltes pale e Munich. O mosto é de cor âmbar.	Ótimo para ales alemãs ou cervejas que pedem sabores fortes e maltados.
Extrato de malte de trigo	Produzido com uma mistura de malte pale de cevada e malte de trigo. A porcentagem de malte de trigo usada em geral é de 65%.	Se o estilo da cerveja pedir por malte de trigo, use esse extrato. Entre os estilos adequados, estão Hefeweizens e Witbiers.
Extrato de sorgo	Produzido com grãos de sorgo. Tem cor clara que vai de 2 °L a 6 °L.	Se quiser produzir uma cerveja sem glúten, pode fazer com esse extrato, que não contém glúten naturalmente.

ele dissolverá rapidamente na água. O extrato que restar na embalagem pode facilmente ser enxaguado com um pouco de mosto quente dentro dele, agitando para que se desprenda.

Quanto às desvantagens, há algumas. Se alguma vez respingou melado na mesa, sabe a sujeira que faz. O LME tem a mesma consistência pegajosa, ainda mais espessa. Cuide para que não respingue. O LME não é tão fácil de guardar como o DME, precisa de local escuro e frio se não for utilizá-lo imediatamente.

Por sua vez, o DME também tem aspectos bons e ruins. Na coluna dos prós, é mais fácil trabalhar com o malte seco. O pó é mais fácil de medir. Com uma tigela e uma balança, é possível calcular a quantidade certa para a receita. Com alguma prática, adicionar DME ao caldeirão dá menos trabalho do que acrescentar o LME.

As cervejas que fazemos com DME são mais claras que as produzidas com LME. O DME também é mais fermentável do que o LME, dispensando o uso de uma quantidade maior. Por fim, as cervejas produzidas com DME tendem a ter final mais seco do que as feitas com LME. E, às vezes, você pode conseguir resultados melhores se usar uma combinação dos dois, como vai ver em algumas de nossas receitas.

Mas o DME também tem desvantagens. Como é desidratado, tende a formar grumos quando entra em contato com vapor. Pode ser um problema até em dias úmidos. Ao adicioná-lo ao caldeirão de brassagem, precisa mexer bastante quando adicionar na água para desfazer os grumos (ver p. 52). Com a prática, fica mais fácil, mas no começo pode ser um desafio.

Ele pode ser mais caro do que o LME, o que é compensado pela quantidade menor necessária para o lote.

Por fim, mesmo que tenha uma vida útil mais longa do que o LME, ainda é preciso armazená-lo com cuidado. Como é embalado em sacos plásticos, devem ser fechados hermeticamente depois de abertos. Se comprar uma embalagem grande e usar apenas uma porção para o dia da produção, feche-o bem e guarde na geladeira. O pó adocicado atrai formigas se deixar algum vestígio para elas.

Considerações finais sobre extrato de malte

Quando se trata de escolher o extrato de malte, convém que ele combine com o estilo que estiver produzindo. Para estilos de cerveja clara, não use malte escuro. Se for produzir uma cerveja de trigo, escolha algum extrato de malte de trigo. Depois de alguns lotes, você vai ter maior noção de como os extratos se manifestam na cerveja e terá seus preferidos.

Depois de fazer cerveja por muitos anos, preferimos produzir cervejas com extrato usando o malte seco mais claro que encontrarmos. Ele nos dá um grande suporte para montarmos nossa receita. Com o extrato claro como base, as contribuições que queremos dar às características de cor e sabor vêm dos grãos especiais. Assim, temos mais liberdade para escolher insumos diferentes e controle sobre a cerveja finalizada. Você vai notar essa preferência nas nossas receitas.

LÚPULOS

As pessoas amam lúpulos. Se existe um efeito do movimento cervejeiro artesanal, é o apreço, a fascinação e a obsessão pelo lúpulo. Essas flores em forma de cone trazem aromas e sabores a nossas cervejas favoritas. Com o passar do tempo, as cervejarias artesanais acrescentaram mais e mais lúpulos a seus produtos atendendo à demanda dos clientes por experiências que ampliassem os limites dos estilos.

Além de proporcionarem experiências sensoriais maravilhosas, os lúpulos trazem outros benefícios à cerveja. Como têm propriedade antibacterianas, eles evitam que a cerveja estrague, sendo considerados conservantes naturais. Há centenas de anos, quando não tínhamos o conhecimento sobre microrganismo que temos hoje, essa qualidade do lúpulo era o efeito bem-vindo do seu uso na produção de cerveja.

O amargor da cerveja vem tradicionalmente do lúpulo. Compostos encontrados na resina dos cones de lúpulo, os alfa-ácidos, reagem quando fervidos. Essa reação chama-se isomerização, que é a transformação de alfa-ácidos em iso-alfa-ácidos. São esses compostos recém-formados que dão à cerveja o amargor que contrasta com a doçura do malte.

Ao pesquisar lúpulos *on-line* ou em lojas, você verá uma porcentagem de alfa-ácidos listada entre as informações de cada variedade. Quanto mais elevada a porcentagem, maior o potencial de amargor. O amargor na cerveja é medido em unidades internacionais de amargor (IBUS). Cervejas com IBU elevado (50 ou mais) receberam grande quantidade de lúpulo ou lúpulo com alto índice de alfa-ácidos, ou ambos.

DRY HOPPING

Para conferir à cerveja artesanal o aroma e o sabor do lúpulo, usa-se a técnica *dry hopping*, lupulagem seca. Embora tenha centenas de anos, ela se popularizou e foi difundida nas cervejas artesanais nos últimos vinte anos. Essa popularidade estendeu-se ao *hobby* de fazer cerveja em casa.

Dry hopping é a prática de adicionar lúpulo à cerveja depois que ela foi tirada do fogo e de ter esfriado. Com mais frequência, essas adições são feitas depois do início da fermentação.

Como mencionamos, os lúpulos conferem amargor à cerveja quando são fervidos. Adicioná-los sem fervê-los expõe mais seus componentes de aroma e sabor.

O processo é muito fácil. Adiciona-se ao fermentador a quantidade de lúpulo indicada na receita. O tempo que deve ficar em contato com a cerveja também deve estar especificado na receita. Se o tempo indicado for de quatro dias, adicione o lúpulo quatro dias antes de engarrafar a cerveja.

Essa técnica pode ser empregada adicionando os *pellets* de lúpulo diretamente ao fermentador ou colocando-os em um *hop bag* de musselina ou infusor de chá esférico muito bem sanitizado. Se não usar algum desses recipientes, o lúpulo vai acabar decantando, o que não é problema, basta trasfegar com cuidado ao engarrafar para não transferir muitos resíduos.

Cuidado ao adicionar qualquer coisa depois da fervura. Não deixe os *pellets* caírem no chão antes de adicioná-los à cerveja. Faça tudo com calma. Algumas das nossas receitas pedem *dry hopping*. Siga as instruções e domine essa técnica de adição de lúpulo.

O movimento mais recente ligado à cerveja artesanal têm dado menor ênfase ao amargor e privilegiado propriedades de sabor frutado, exibidas pelas variedades mais novas. Esses lúpulos se expressam melhor quando não são fervidos durante muito tempo. Algumas cervejarias (e cervejeiros caseiros) estão experimentando deixar de fervê-los durante todo o processo para minimizar o amargor e maximizar o potencial de sabor dos lúpulos.

FIRST WORT HOPPING

Outra técnica de lupulagem é o oposto de *dry hopping*. A lupulagem no primeiro mosto, ou *first wort hopping* (FWH), é a adição de lúpulos ao caldeirão de brassagem antes da fervura (depois de adicionar o extrato). Essa adição faz uma diferença notável no aroma e no sabor da cerveja. Ao adicionar o lúpulo nesse ponto do processo, o efeito é a presença maior de aroma e um amargor arredondado, agradável ao paladar, em comparação com cervejas em que as adições durante a fervura totalizam 60 minutos.

Algumas receitas deste capítulo empregam essa técnica. Certamente você pode experimentá-la enquanto faz algumas de nossas receitas e começa a planejar as suas próprias. Produza duas versões da mesma cerveja, uma com FWH e a outra não, e observe se consegue detectar a diferença. Discute-se muito se a FWH traz mudanças notáveis sobre a maneira como os lúpulos se manifestam na cerveja. Incentivamos você a tentar as receitas com FWH, depois, em outra ocasião, faça-as adicionando os lúpulos pelo período tradicional de 60 minutos e compare. Incluímos algumas receitas com FWH porque é uma prática divertida e diferente para se familiarizar com lúpulos.

Lúpulos de amargor são variedades cujos altos índices de alfa-ácidos conferem bastante amargor à cerveja, mesmo se adicionados em pequenas quantidades. Devem ser acrescentados no início da fervura, para que os alfa-ácidos alcancem a isomerização completa. Em geral, os lúpulos de aroma têm baixos índices de alfa-ácidos e características olfativas agradáveis. Alguns lúpulos especiais são chamados de *dual purpose* (duplo objetivo), já que possuem altos índices de alfa-ácidos e propriedades aromáticas. Classificar os lúpulos conforme amargor, sabor e aroma é uma conceituação genérica. A maioria das cervejas lupuladas modernas utiliza todo tipo de lúpulo de várias formas. Na verdade, não existem regras de como usar lúpulos. Experimente e verifique o que funciona para você.

Algumas das variedades mais recentes de lúpulo naturais da Austrália e da Nova Zelândia têm características fortes de sabor e são particularmente deliciosas. Essas variedades do hemisfério sul não têm o amargor tradicional dos lúpulos europeus, em vez disso seus sabores lembram os das frutas, que se revelam perfeitamente na cerveja. Basta provar uma das cervejas produzidas com esses lúpulos e fica fácil entender por que existe tanta procura por cervejas artesanais bem lupuladas.

Não importa qual seja o uso tradicional ou a classificação do lúpulo, na cervejaria caseira o espaço de ação fica aberto aos lúpulos que quiser e à forma como vai usá-los. Há inúmeras variedades para usar em casa, por isso é bom ter algumas orientações como ponto de partida. A tabela nas páginas 91-93 apresenta alguns dos mais conhecidos e alguns dos nossos favoritos do momento. Use as informações como uma cartilha para aprender mais sobre esse ingrediente incrível.

GRÃOS ESPECIAIS

Receitas com extratos podem pedir grãos especiais. Falamos a respeito de seu uso em capítulos anteriores. Agora, vamos tratar detalhadamente o que são eles, por que são usados e em que cervejas são mais empregados.

Maltes caramel/crystal

Os nomes crystal e caramel podem ser usados sem distinção na maioria das vezes. Crystal é usado pelos produtores ingleses de malte, enquanto os americanos produzem maltes caramel. Esses maltes especiais são feitos de malte pale e passam por um processo que retém doçura e cor: primeiro, o malte é mergulhado na água até começar a germinar. Em seguida, é aquecido a temperaturas entre 66 °C e 77 °C e permanece úmido por algumas horas. Às vezes o calor é aplicado ao malte em condições úmidas ou secas. De qualquer modo, esse período no calor converte os açúcares enquanto ainda estão no grão. Depois, o malte é torrado em 121 °C até atingir a cor desejada e os açúcares caramelizarem.

A seguir, alguns dos maltes caramel/crystal que podem ser usados como grãos de infusão em suas receitas. Eles são agrupados por cor, acompanhada pela medida em graus Lovibond.

Maltes light caramel/crystal (10° a 30° L): São os mais claros. Por serem torrados por menos tempo, não têm sabor muito pronunciado de caramelo. Em vez disso, conferem à cerveja sabores descritos como de mel ou bala. Eles imprimem um pouco de cor à cerveja, mas não tanto como os maltes caramel mais escuros.

SELEÇÃO DE ALGUMAS DE NOSSAS VARIEDADES DE LÚPULO FAVORITAS

LÚPULO	AROMA/SABOR	FAIXA DOS ALFA-ÁCIDOS %	CATEGORIA/USOS COMUNS
Amarillo (EUA)	Aromas florais e laranja/cítricos. Sabor frutado intenso.	8%–11%	**AROMA** Estilos americanos, sobretudo pale ales e IPAs.
Azacca (EUA)	Notas de frutas tropicais no aroma, com notas secas de abacaxi e manga no sabor.	14%–16%	**AROMA** Ótimo para adição tardia de lúpulo ou *dry hopping* em American IPAs e pale ales.
Cascade (EUA)	Aroma e sabor fortes de grapefruit. O lúpulo característico da pale ale da cervejaria Sierra Nevada.	4,5%–7%	**AROMA** Se estiver planejando produzir sua primeira American pale ale, use esse lúpulo. Essa variedade estabelece o padrão de sabor das APAs.
Centennial (EUA)	Tem sido chamada de Super Cascade. Aroma floral, confere característica cítrica ao sabor.	9,5%–11,5%	**DUPLA FUNÇÃO** Funciona bem em IPAs. Garante boa estrutura quando usado com novas variedades frutadas, como Mosaic nas New England IPAs (NEIPAs).
Challenger (Reino Unido)	Lúpulo distintamente inglês, tem aroma picante, semelhante ao cedro, com sabor frutado/picante. É usado na pale ale da cervejaria Bass.	6,5%–8,5%	**DUPLA FUNÇÃO** Bom substituto para alguns dos mais conhecidos ou tradicionais lúpulos ingleses, como East Kent Goldings ou Fuggles, em todas as ales inglesas.
Chinook (EUA)	Aroma terroso, de pinho. Sabor intensamente picante/de pinho, com nuances de grapefruit.	12%–14%	**DUPLA FUNÇÃO** Funciona bem em pale ales e IPAs, mas também é uma boa adição nas ales invernais e em outros estilos de cerveja escura, como stouts e porters.
Citra (EUA)	Lúpulo de sabor popular, é notável pelo maracujá e outras notas de frutas tropicais tanto no aroma quanto no sabor.	11%–13%	**DUPLA FUNÇÃO** Adicione ao mosto no fim ou depois da fervura para abrir todo o caráter frutado nas pale ales e IPAs.
Columbus (EUA)	Com aroma vivo e frutado, imprime condimento, pimenta e notas de alcaçuz ao sabor da cerveja.	14%–16,5%	**DUPLA FUNÇÃO** Ótimo para todos os estilos de cerveja americana, de pale ales a stouts.
East Kent Goldings (Reino Unido)	Aroma herbáceo singular. O sabor tem notas florais e de erva fresca.	4%–6,5%	**AROMA** Esse é o nosso lúpulo preferido para English bitters e brown ales.

continua >>

LÚPULO	AROMA/SABOR	FAIXA DOS ALFA-ÁCIDOS %	CATEGORIA/ USOS COMUNS
El Dorado (EUA)	Aroma muito frutado, como dropes. Sabores de frutas com caroço, de cerejas a pêssegos.	14%–16%	AROMA Os sabores frutados desse lúpulo são delicados e combinariam bem em uma cerveja de trigo americana ou blonde ale.
Fuggle (REINO UNIDO)	Aroma bem terroso, confere sabor picante e amadeirado.	3%–5,5%	AROMA Esse lúpulo encaixa-se bem em ales inglesas. O sabor vai bem em porters maltadas ou brown ales.
Galaxy (Austrália)	Vivo, com aroma cítrico. O sabor tem notas fortes de maracujá, frutas cítricas e pêssego.	13,5%–15%	DUPLA FUNÇÃO Achamos que algumas das melhores NEIPAs são produzidas com esse lúpulo. Use-o em qualquer estilo de cerveja quando quiser destacar o lúpulo.
Glacier (EUA)	Aroma terroso, delicadamente cítrico. Sabor suave com notas cítricas e um pouco de pêssego.	3,3%–9,7%	DUPLA FUNÇÃO Tem aroma agradável e perfil de sabor que funciona bem com estilos mais maltados.
Hallertau (Alemanha)	Aroma herbáceo e floral. Sabor extremamente herbáceo com notas picantes. Lúpulo característico da lager da cervejaria Sam Adams.	3%–5,5%	AROMA Funciona bem com qualquer cerveja de estilo alemão, incluindo Pilsner, Munich Dunkel e Kölsch.
Liberty (EUA)	Buquê de flores no aroma, com delicioso floral fresco e notas herbáceas no sabor.	3%–6,5%	AROMA Criado a partir do Hallertau, tem muitos aspectos iguais ao lúpulo de origem. Gostamos de usá-lo em cream ales.
Magnum (Alemanha)	Delicados aromas de especiarias e de ervas. Quando usado cedo na fervura, proporciona sabor amargo concentrado e "limpo".	11%–16%	AMARGOR Tem elevado índice de alfa-ácidos, por isso não é preciso adicionar grande quantidade para obter um belo fundo de amargor a partir de adições tardias de lúpulo.
Mosaic (EUA)	Aromas e sabores complexos. É descrito como uma combinação de notas terrosas, de pinho e de frutas, de mirtilo a manga.	11%–13,5%	DUPLA FUNÇÃO Por ter aroma e sabor complexos, funciona bem em IPAs, sozinho ou secundado por lúpulos cítricos.
Nugget (EUA)	Aroma com notas fortemente picantes e herbáceas; no sabor, notas de pêssego e pera.	11%–14%	DUPLA FUNÇÃO Embora usado em geral como lúpulo de amargor, exibe no aroma notas de condimento e pêssego quando colocado tardiamente na fervura. Um bom lúpulo para pale ales e IPAs.

LÚPULO	AROMA/SABOR	FAIXA DOS ALFA-ÁCIDOS %	CATEGORIA/USOS COMUNS
Rakau (Nova Zelândia)	Aroma equivalente ao de orquídea; no sabor: pêssego, damasco, pera, groselha e amora.	10%–12%	**DUPLA FUNÇÃO** Como o El Dorado, ele funciona bem em ales claras nas quais suas características de aroma e sabor podem brilhar por si mesmas: APAs, IPAs e cervejas de trigo americanas.
Saaz (Rep. Tcheca)	Aroma terroso/condimentado "clássico" que se estende ao sabor da cerveja.	3%–6%	**AROMA** Presente basicamente nas lagers europeias, esse lúpulo pode ser usado em cervejas belgas como saisons.
Simcoe (EUA)	Aromas e sabores ousados descritos como terrosos, com notas de pinho e cítricas.	12%–14%	**DUPLA FUNÇÃO** Traz uma característica particularmente "úmida" a pale ales, IPAs, saisons e cervejas de trigo.
Sorachi Ace (EUA)	Aroma que lembra limão, com sabores de capim-limão e endro.	10%–16%	**AMARGOR** Usado com outros lúpulos, ele pode levar notas de limão a pale ales e IPAs. Também funciona em saisons.
Styrian Goldings (Eslovênia)	Aromas e sabores terrosos. Certo sabor resinoso e notas de pimenta-branca.	2,5%–6%	**DUPLA FUNÇÃO** Estranhamente denominado em sua origem eslovena, esse lúpulo foi criado a partir dos Fuggles, não dos Goldings. Tem marcantes propriedades terrosas que se misturam bem com ales inglesas e belgas.
Tettnang (Alemanha)	Tem aroma condimentado, com boas notas florais e terrosas no sabor.	2,5%–5,5%	**AROMA** Bom com todos os estilos alemães e uma boa escolha para cream ales.
Vic Secret (Austrália)	Aroma de frutas tropicais, com uma combinação de notas de maracujá, abacaxi e pinho no sabor.	11,5%–17%	**DUPLA FUNÇÃO** Ótima alternativa ao Galaxy se este estiver indisponível. Pode usar essa variedade em combinação com outros lúpulos em uma IPA.
Warrior (EUA)	Faltam propriedades aromáticas fortes, mas confere amargor forte e limpo com algumas notas cítricas.	14,5%–18%	**AMARGOR** Muito usado no início da fervura para completar o sabor de lúpulo no gosto residual e adicionar outras variedades mais aromáticas ao olfato e ao paladar.
Willamette (EUA)	Bom equilíbrio de notas de especiarias, frutadas e florais tanto no aroma quanto no sabor.	4%–6%	**AROMA** Lúpulo bem arredondado que funciona bem em muitas ales americanas.

Maltes medium caramel/crystal (40 °L a 60 °L): Em todos os nossos anos como cervejeiros, esse tipo de malte caramel/crystal é o que mais temos usado. São feitos com grãos especiais, encontrados em muitas receitas de ales inglesas. Acrescentam uma bela cor e sabor de caramelo à cerveja. São uma ótima adição a bitters, porters e stouts.

Maltes dark caramel/crystal (70 °L a 90 °L): São maltes um pouco mais torrados do que a versão *medium*, e a torrefação mais longa muda a cor e o sabor. O sabor tem notas sutis de açúcar queimado ou de uva-passa. Por sua cor mais escura, é usado muitas vezes em porters, stouts e cervejas belgas nessa tonalidade.

Maltes very dark caramel/crystal (100 °L a 160 °L): Os mais escuros dessa família, conferem cor e sabor à cerveja. Se estiver usando esses maltes para a brassagem da sua receita, basta uma pequena quantidade para causar uma forte impressão. Os sabores que eles imprimem são descritos como de fruta escura ou ameixa. Algumas variedades têm nomes singulares, como Special B. Podem ser usados em estilos americanos e ingleses de cerveja escura, mas, tradicionalmente, são empregados em cervejas escuras belgas.

Grãos torrados

Alguns dos grãos especiais usados nas receitas são torrados. Nem todos são maltes, mas são processados do mesmo modo, e a torrefação resulta em cores e sabores diferentes, que logicamente trazem essas características para as cervejas em que são adicionados.

A seguir, alguns grãos torrados mais comumente encontrados em receitas de cerveja com extrato.

Malte chocolate: Torrado em temperatura alta, adquire uma coloração de leite achocolatado. Quando adicionado ao mosto, confere alguns sabores semelhantes a cacau em pó com um toque de café. O malte chocolate é usado muitas vezes em receitas de porters e stouts. (Faixa de cor: 350 °L a 450 °L.)

Cevada torrada: Esse ingrediente justifica o fato de o título dessa seção ser grãos torrados e não maltes torrados, já que essa cevada não é maltada. Depois da torra, ela fica com uma cor ligeiramente menos preta, presente na cerveja depois da brassagem. Pequenas quantidades conferem apenas cor; quantidades maiores imprimem sabor de café expresso com traços de nozes. É o grão caracteristicamente usado em stouts secas. (Faixa de cor: 450 °L a 650 °L.)

Malte black patent: Embora com uma faixa de cor semelhante à cevada torrada, o sabor que entrega à cerveja é mais intenso. Os açúcares no malte ficam bem queimados e garantem um sabor bem torrado à cerveja. Às vezes, uma quantidade muito grande desse grão pode carregar notas desagradáveis de cinza, portanto use-o com moderação. Funciona bem em porters e imperial stouts. (Faixa de cor: 500 °L a 650 °L.)

Neste livro, há algumas receitas que pedem uma "minibrassagem", que é uma versão da brassagem parcial. É fácil de fazer e não demanda equipamentos especiais para isso.

Cereais em flocos

Outro tipo de insumo especial, esses cereais não são torrados, mas cozidos no vapor e prensados em flocos. O processo a vapor pré-gelatiniza as moléculas de amido, deixando-as prontas para a brassagem. Algumas das receitas pedem uma minibrassagem, que converterá os amidos dos cereais em açúcar. Esse processo é como fazer a infusão com grãos, e daremos as instruções sobre como fazer a brassagem desses grãos nas receitas.

Diferentes tipos de cereais em flocos são encontrados *on-line* ou em lojas especializadas. A seguir, informações sobre alguns dos mais usados nas receitas de cerveja:

AVEIA EM FLOCOS: Você a encontra em lojas de insumos para produção de cerveja, mas pode comprar em supermercados ou empórios cerealistas (onde também vai pagar menos). A aveia não dá muito sabor à cerveja, mas confere a sensação macia na boca que define estilos como oatmeal stout. Use nas receitas em que desejar adicionar um pouco mais de corpo e criar aquela sensação macia na boca. A quantidade usada deve corresponder a menos de 10% dos fermentáveis da receita.

FLOCOS DE MILHO: Cervejas produzidas com flocos de milho ficam menos encorpadas e com um gosto residual mais refrescante e seco do que cervejas com 100% de cereais maltados. Use os flocos de milho no lugar de algum malte de base quando quiser que a cerveja tenha uma densidade final mais baixa (ou seja, um final mais seco). A quantidade usada não deve passar de 20% dos fermentáveis da receita.

BRASSAGEM PARCIAL

Se seguir pelo mesmo caminho que nós, você pode produzir um bom número de receitas com extrato. Se desejar levar a sua produção a outro nível, moa seus grãos em casa como parte do processo. Ao pesquisar em outras fontes, vai encontrar informações sobre receitas que utilizam o método *all-grain* e aprender que ele requer um investimento maior na compra do equipamento para chegar àquele nível de produção de cerveja.

Mas existe um espaço intermediário entre produzir com extrato ou pelo método *all-grain* chamado produção com brassagem parcial. Em resumo, você prepara os grãos em casa, mas somente a metade do que precisaria para uma receita desse tipo. A parte restante fermentável vem do extrato, que é acrescentado ao mosto que você fez com o grão. Essa prática intermediária entre extrato e *all-grain* ainda está ativa, embora aparentemente tenha perdido popularidade. O método "*brew in a bag*" (BIAB) de produção *all-grain* é a nova onda, permitindo ao cervejeiro caseiro dar um salto para esse patamar com menos equipamento.

As receitas para brassagem parcial podem fornecer diferentes instruções ou equipamento necessário para moer os grãos, mas as melhores práticas para o processo são basicamente as mesmas:

- Moa os grãos (você pode solicitar para que moam na loja em que adquiri-los) e coloque em um *grain bag*.
- Mergulhe o *grain bag* em água aquecida a cerca de 66 °C por 1 hora.
- Retire o *grain bag* do líquido depois da saturação.
- Enxágue os grãos com água quente (77 °C); talvez isso precise ser feito em outro recipiente para que possa começar o processo de adição do extrato.

De acordo com a quantidade de grãos usada, o processo pode ser mais simples se usar um *grain bag* de náilon de trama fina para conter os grãos durante a brassagem, retirando-o facilmente mais tarde. Examine as diferentes opções para seguir o procedimento de brassagem parcial e decidir qual é a melhor para você.

Cevada em flocos: Esse grão é o mesmo que usamos na nossa cerveja, com duas diferenças: foi cozido no vapor e prensado em flocos e, mais importante, não é maltado, o que muda seu comportamento no processo de produção. A cevada em flocos tem gosto ligeiramente granuloso e leva cremosidade à boca. Também ajuda na retenção de colarinho da cerveja pronta. A quantidade usada pode chegar a 20% dos fermentáveis da receita.

Açúcares

Além do açúcar presente no extrato de malte, outros tipos podem ser adicionados ao caldeirão de brassagem para serem consumidos pela levedura a fim de produzir álcool e dióxido de carbono. Muitos açúcares são totalmente fermentáveis por leveduras de cerveja; isso significa que não vão deixar a cerveja doce. Em vez disso, tendem a deixar a cerveja seca em razão de sua completa conversão em álcool. Além disso, açúcares mais complexos fornecem elementos de sabor, inclusive aqueles que não podem ser fermentados. Quando usados em pequenas quantidades, os açúcares especiais contribuem com um toque exclusivo para a cerveja. Observe que não precisam ser adicionados quando o mosto atinge a fervura, podem ser acrescentados durante os últimos 15 minutos, tempo suficiente para que se dissolvam e sejam esterilizados.

A seguir, os açúcares que usamos nas receitas deste livro:

Açúcar refinado: O mesmo açúcar das receitas de bolo pode ser usado para produzir cerveja. Também conhecido como sacarose, é totalmente fermentável e pode ser adicionado à cerveja para aumentar o ABV e deixar sabor residual seco.

Açúcar mascavo: Outro que já vem pronto para usar e que talvez você tenha em casa. Como é uma mistura de sacarose e melaço, as cervejas feitas com açúcar mascavo exibem alguns componentes do amargor presente no melaço. A sacarose é totalmente fermentável, mas os sabores exclusivos dos componentes do melaço não são.

Xarope de açúcar-cândi: Esse açúcar é um produto das tradições da cervejaria belga. Há muitos tipos disponíveis em diferentes cores e sabores. Alternativamente, pode usar cristais de açúcar-cândi belga, que é a forma sólida do xarope. Em ambas as formas, esses açúcares imprimem sabor e autenticidade aos estilos belgas.

Lactose: Conhecida também como açúcar do leite, não é fermentada pela levedura. Quando adicionada à cerveja, acrescenta corpo e um pouco de doçura. É o ingrediente característico da milk stout.

AS RECEITAS

As receitas a seguir foram planejadas para lhe oferecer uma boa variedade de estilos. Naquelas em que convém a informação, indicamos qual cerveja artesanal comercial seria mais semelhante à receita que está sendo produzida. Se aplicar as instruções básicas do capítulo 3, será mais fácil estabelecer a correspondência entre as receitas e as técnicas. Algumas das receitas trazem instruções especiais anotadas no final.

Se não conseguir encontrar os ingredientes exatos pedidos pela receita, não entre em pânico. Procure por substitutos próximos. As lojas especializadas podem ajudá-lo a selecionar. Escolhemos algumas das cepas de levedura mais tradicionais, mas existe uma diversidade imensa que pode ser experimentada (sobretudo nas categorias inglesas e belgas). Se realmente tiver de fazer mudanças, registre-as para poder recriar a receita depois. Se amou a sua versão, então, sem dúvida, deve continuar a fazê-la assim. Receitas são orientações, e a produção de cerveja não é só uma ciência, ela também envolve arte. Alterar e ajustar quantidades ou sabores faz parte da diversão.

Leia com cuidado a lista de ingredientes, com atenção especial à programação de adição de lúpulo. Defina seu percurso a partir do resumo do processo de produção. A parte mais importante é manter limpo e sanitizado tudo o que for tocar o mosto/cerveja depois que a fervura acabar. Lembre-se de que você está a meio caminho de uma cerveja excelente.

SE MENOS FOR MELHOR

A maioria dos cervejeiros produz lotes de 19 litros. Estas receitas são para 21 litros no fermentador, para garantir 19 litros nas garrafas. Nem todos querem 19 litros – ou dois engradados de garrafas. Se quiser reduzir por limitações de espaço ou apreensão, não tem problema! Basta cortar as quantidades de ingredientes pela metade.

Para facilitar e não desperdiçar, não adicione metade do envelope da levedura indicada – use o envelope todo. Mas se a receita pedir dois envelopes de levedura, use apenas um quando estiver dividindo a receita ao meio.

CERVEJA FÁCIL

ESTILO: AMERICAN PALE ALE
TAMANHO DO LOTE: 19 LITROS
ÁGUA DA FERVURA: 9,5 LITROS NO INÍCIO
DENSIDADE ORIGINAL: 1,053
DENSIDADE FINAL: 1,015
ABV DESEJADO: 5,3%
IBUs: 38
COR: 5,2 SRM

- 9,5 litros de água
- 453 g de DME claro
- 2,7 kg de LME golden light ou pale ale
- 14 g de lúpulo Magnum 12% AA por 60 minutos
- 28 g de lúpulo Cascade 5,5% AA por 20 minutos
- 28 g de lúpulo Cascade 5,5% AA por 5 minutos
- 1 pastilha de Whirlfloc (adicione 5 minutos antes do fim da fervura)
- 15 litros de água resfriada (refrigere na véspera)
- 35 ml de levedura líquida White Labs WLP001 California Ale

Eis aqui uma ótima receita, bem básica, para sua estreia no mundo cervejeiro. Toda feita com extrato e sem insumos adicionais. Ela também pode ser usada para testar novas variedades de lúpulo. Mantenha o Magnum pelo amargor e substitua as adições de Cascade pelo lúpulo que quiser experimentar. A fermentação vai ser limpa, ideal para que a lupulagem sobressaia.

1. Adicione os 9,5 litros de água ao caldeirão e leve para ferver.
2. Quando a água atingir 49 °C, comece a adicionar o DME pouco a pouco, mexendo sempre para não empelotar.
3. Quando a água estiver prestes a ferver, tire o caldeirão do fogo e adicione o LME, mexendo enquanto o despeja. Depois de misturar bem, recoloque o caldeirão no fogo.
4. Quando a água ferver, faça a primeira adição de lúpulo e programe o *timer* para 60 minutos. Regule a chama para manter a fervura enquanto controla a espuma.
5. Faltando 20 minutos, faça a segunda adição de lúpulo.
6. Faltando 5 minutos, adicione os lúpulos restantes e a pastilha de Whirlfloc.
7. Despeje três quartos da água resfriada no fermentador, depois transfira o mosto quente. Adicione a água resfriada restante em quantidade necessária para atingir o volume de 21 litros.
8. Quando o mosto esfriar até 18 °C a 21 °C, inocule a levedura. Sele o fermentador e agite-o para aerar; deixe por 10 a 14 dias, até completar a fermentação.
9. Quando a cerveja estiver pronta para engarrafar, prepare o *priming* e adicione-o à cerveja fermentada (ver pp. 70-72) ou coloque uma bala de carbonatação em cada garrafa. Continue com o engarrafamento e o condicionamento (ver pp. 67-77).

INSTRUÇÕES ESPECIAIS: Procure manter a fermentação abaixo de 21 °C para obter uma cerveja mais translúcida, com poucos vestígios da levedura. Para futuros lotes, procure usar qualquer tipo de levedura para ales americanas.

O QUE SÃO CLARIFICANTES?

Antes de a turbidez do lúpulo se tornar a mais recente moda na cerveja artesanal, os cervejeiros procuravam clarificar suas produções. Por mais que provemos com a boca, também provamos com os olhos. Para determinados estilos, a cerveja translúcida é mais desejável do que a turva. Antes das modernas técnicas de filtragem, descobriu-se que substâncias conhecidas como clarificantes têm propriedades especiais que "limpam" a cerveja.

Clarificantes são aditivos para a cerveja que fazem os compostos responsáveis pela turbidez desaparecerem da solução, permitindo que mais luz incida através dela. Há muitos tipos de clarificantes, mas aqueles com que os iniciantes devem se familiarizar são os que podem ser adicionados no fim da fervura. Quando usados na quantidade recomendada, não alteram o sabor e podem ter efeitos positivos na cerveja.

O clarificante que mais usamos é o Whirlfloc, em pastilhas, e por isso não precisa ser medido. Não estamos dizendo que a sua cerveja vai ficar turva se não for usado, mas ele certamente ajuda a clarificar a cerveja pronta. O importante é lembrar-se de adicioná-lo à fervura!

HONEY WHEAT ALE

ESTILO: AMERICAN WHEAT ALE
TAMANHO DO LOTE: 19 LITROS
LÍQUIDO DA FERVURA: 9,5 LITROS NO INÍCIO
DENSIDADE ORIGINAL: 1,050
DENSIDADE FINAL: 1,009
ABV DESEJADO: 5,4%
IBUS: 33
COR: 3,3 SRM

- 9,5 litros de água
- 1,8 kg de DME de trigo
- 56 g de lúpulo Willamette 4,5% AA por 60 minutos
- 900 g de mel (adicione 10 minutos antes do fim da fervura)
- 1 pastilha Whirlfloc (adicione 5 minutos antes do fim da fervura)
- 15 litros de água resfriada (refrigere na véspera)
- 11,5 g de levedura seca Fermentis Safale US-05 Ale

Uma ale de trigo simples que explora o uso do mel como componente adicional. O mel garante complexidade sutil à cerveja; entretanto seu maior efeito será o sabor residual a cada gole. Essa receita rende uma cerveja leve, perfeita para os meses de verão.

1. Adicione os 9,5 litros de água ao caldeirão e leve para ferver.
2. Quando a água atingir 49 °C, retire o caldeirão do fogo, adicione o DME pouco a pouco, mexendo sempre para não empelotar. Recoloque o caldeirão no fogo.
3. Quando a água ferver, adicione o lúpulo e programe o *timer* para 60 minutos. Regule a chama para manter a fervura enquanto controla a espuma.
4. Faltando 10 minutos para acabar, tire o caldeirão do fogo e adicione o mel, mexendo constantemente até ele dissolver. Caso contrário, ele vai ao fundo e pode queimar. Recoloque o caldeirão no fogo.
5. Faltando 5 minutos, adicione a pastilha de Whirlfloc.
6. Despeje três quartos da água resfriada no fermentador, depois transfira o mosto quente. Adicione a água resfriada restante em quantidade necessária para chegar a 21 litros.
7. Quando o mosto esfriar até 18 °C a 21 °C, inocule a levedura. Sele o fermentador e agite-o para aerar; deixe por 10 a 14 dias, até completar a fermentação.
8. Antes de engarrafar, prepare o *priming* e adicione-o à cerveja fermentada (ver pp. 70-72) ou coloque uma bala de carbonatação em cada garrafa. Continue com o engarrafamento e o condicionamento (ver pp. 67-77).

DICA: Preferimos mel de flor de laranjeira para essa receita, mas mel de trevo comum também funciona bem. Teste a receita com todos os tipos de mel.

AMBER ALE INVERNAL

ESTILO: AMBER ALE
TAMANHO DO LOTE: 20 LITROS
ÁGUA DA FERVURA: 9,5 LITROS NO INÍCIO
DENSIDADE ORIGINAL: 1,074
DENSIDADE FINAL: 1,023
ABV DESEJADO: 6,7%
IBUs: 43
COR: 23 SRM

- 340 g de malte caramel/crystal 80 °L
- 227 g de malte caramel/crystal 120 °L
- 113 g de cevada torrada 550 °L
- 9,5 litros de água
- 3,9 kg de DME pale
- 14 g de lúpulo Warrior 15% AA por 60 minutos
- 56 g de lúpulo Hallertau 4% AA por 30 minutos
- 1 pastilha de Whirlfloc (adicione 5 minutos antes do fim da fervura)
- 15 litros de água resfriada (refrigere na véspera)
- 125 ml de levedura líquida London ESB Wyeast 1968

Nessa cerveja encorpada, âmbar-escuro, o malte predomina. É a base perfeita para adicionar especiarias invernais, como noz-moscada e canela. Essa receita foi inspirada na Harpoon Winter Warmer.

1. Se não tiver solicitado a moagem dos cereais na loja, faça isso com o moinho portátil ou com o procedimento explicado na p. 51. Ponha os grãos moídos no *grain bag* de musselina.

2. Adicione 9,5 litros de água ao caldeirão. Suspenda o *grain bag* no caldeirão para que não encoste no fundo. Uma boa ideia é amarrar na alça do caldeirão, se ele for suficientemente comprido, ou prenda-o à lateral. Se não contar com uma alça, use um pregador grande para prendê-lo à lateral do caldeirão. Ponha a água no fogo. Retire o *grain bag* antes da fervura, preferivelmente a 74 °C.

3. Quando a água atingir 49 °C, retire o caldeirão do fogo, adicione o DME pouco a pouco, mexendo sempre para não empelotar. Recoloque o caldeirão no fogo.

4. Quando a água começar a ferver, faça a primeira adição de lúpulo e programe o *timer* para 60 minutos. Regule a chama para manter a fervura enquanto controla a espuma.

5. Faltando 30 minutos, faça a segunda adição de lúpulo.

6. Faltando cinco minutos, adicione a pastilha de Whirlfloc.

7. Despeje três quartos da água resfriada no fermentador, depois transfira o mosto quente. Adicione a água resfriada restante em quantidade necessária para chegar a 21 litros.

8. Quando o mosto esfriar até 18 °C a 21 °C, inocule a levedura. Sele o fermentador e agite-o para aerar; deixe fermentar por 10 a 14 dias, até completar a fermentação.

9. Antes de engarrafar, prepare o *priming* e acrescente à cerveja fermentada (ver pp. 70-72) ou adicione uma bala de carbonatação em cada garrafa. Continue com o engarrafamento e o condicionamento (ver pp. 67-77).

INSTRUÇÕES ESPECIAIS: Para adicionar especiarias, comece com apenas 4 a 7 g da especiaria escolhida, pois seu sabor pode predominar na cerveja. Elas devem ser adicionadas no fim da fervura para serem sanitizadas. Resfrie imediatamente para conservar aromas e sabores.

AMERICAN PALE ALE CLÁSSICA

ESTILO: AMERICAN PALE ALE
TAMANHO DO LOTE: 20 LITROS
ÁGUA DA FERVURA: 9,5 LITROS NO INÍCIO
DENSIDADE ORIGINAL: 1,050
DENSIDADE FINAL: 1,012
ABV DESEJADO: 5,0%
IBUs: 37
COR: 5,7 SRM

- 227 g de malte caramel/crystal 40 °L
- 9,5 litros de água
- 227 g de DME pale ale
- 3 kg de LME pilsner
- 28 g de lúpulo Cascade 5,5% AA por 60 minutos
- 28 g de lúpulo Cascade 5,5% AA por 20 minutos
- 28 g de lúpulo Cascade 5,5% AA por 5 minutos
- 1 pastilha de Whirlfloc (adicione 5 minutos antes do fim da fervura)
- 15 litros de água resfriada (refrigere na véspera)
- 11,8 g de levedura seca Fermentis Safale US-05 Ale

A lendária pale ale é uma das excelentes cervejas artesanais americanas. A estrutura sutil do malte dá suporte às características de grapefruit e pinho do lúpulo Cascade. Essa receita é uma vitrine dessa variedade de lúpulo popular e deve constituir uma opção frequente na rotatividade da sua produção. Essa receita é uma singela homenagem à Sierra Nevada Pale Ale.

1. Se não tiver solicitado a moagem dos cereais na loja, faça isso com o moinho portátil ou com o procedimento explicado na p. 51. Ponha os grãos moídos no *grain bag* de musselina.

2. Adicione os 9,5 litros de água ao caldeirão. Ponha o *grain bag* no caldeirão, suspendendo-o para que não encoste no fundo. Para isso, amarre o *grain bag* à alça do caldeirão se ele for suficientemente longo. Se não contar com uma alça, use um pregador grande para prendê-lo à lateral do caldeirão. Ponha a água no fogo. Retire o *grain bag* antes da fervura, preferivelmente por volta de 74 °C.

3. Quando a água atingir 49 °C, retire o caldeirão do fogo, adicione o DME pouco a pouco, mexendo sempre para não empelotar. Recoloque o caldeirão no fogo assim que o DME dissolver.

4. Quando a água estiver prestes a ferver, retire o caldeirão do fogo e adicione o LME misturando bem e, então, recoloque no fogo.

5. Quando a água começar a ferver, faça a primeira adição de lúpulo e programe o *timer* para 60 minutos. Regule a chama para manter a fervura enquanto controla a espuma.

6. Faltando 20 minutos, faça a segunda adição de lúpulo.

7. Faltando 5 minutos, adicione os lúpulos restantes e a pastilha de Whirlfloc.

8. Despeje três quartos da água resfriada no fermentador, depois transfira o mosto quente. Adicione a água resfriada restante em quantidade necessária para chegar a 21 litros.

9. Quando o mosto esfriar até 18 °C a 21 °C, inocule a levedura. Sele o fermentador e agite-o para aerar; deixe por 10 a 14 dias, até completar a fermentação.

10. Antes de engarrafar, prepare o *priming* e o adicione à cerveja fermentada (ver pp. 70-72) ou coloque uma pastilha de carbonatação em cada garrafa. Continue com o engarrafamento e o condicionamento (ver pp. 67-77).

AMERICAN BROWN ALE

ESTILO: AMERICAN BROWN ALE
TAMANHO DO LOTE: 20 LITROS
ÁGUA DA FERVURA: 9,5 LITROS NO INÍCIO
DENSIDADE ORIGINAL: 1,058
DENSIDADE FINAL: 1,012
ABV DESEJADO: 6,0%
IBUs: 34
COR: 28 SRM

- 340 g de malte chocolate 350 °L
- 227 g de malte caramel/crystal 40 °L
- 227 g de malte Victory 25 °L
- 113 g de malte caramel/crystal 80 °L
- 57 g de malte Midnight Wheat 550 °L
- 9,5 litros de água
- 2,7 kg de DME pale ale
- 453 g de DME light
- 14 g de lúpulo Warrior 15% AA por 60 minutos
- 28 g de lúpulo Cascade 5,5% AA por 10 minutos
- 1 pastilha de Whirlfloc (adicione 5 minutos antes do fim da fervura)
- 15 litros de água resfriada (resfrie na véspera)
- 35 ml de levedura líquida White Labs WLP001 California Ale
- 56 g de lúpulo Centennial 10% AA para dry hopping por 4 dias

A American brown ale é encorpada, marrom-escura e repleta de notas de pão tostado e nuances de chocolate. A característica de ale americana significa que é bem equilibrada com forte amargor de lúpulo. Deve ter também um aroma perceptível de lúpulo conferido pelo *dry hopping*. Essa cerveja não só é parecida como é inspirada na Moose Drool da Big Sky Brewing.

1. Se não tiver solicitado a moagem dos cereais na loja, faça isso com o moinho portátil ou com o procedimento explicado na p. 51. Ponha os grãos moídos no *grain bag* de musselina.

2. Adicione os 9,5 litros de água ao caldeirão. Ponha o *grain bag* de musselina no caldeirão, suspendendo-o para que não encoste no fundo. Para isso, amarre o *grain bag* à alça do caldeirão se ele for suficientemente longo. Se não contar com uma alça, use um pregador grande para prendê-lo à lateral do caldeirão. Ponha a água no fogo. Retire o *grain bag* antes da fervura, preferivelmente por volta de 74 °C.

3. Quando a água atingir 49 °C, retire o caldeirão do fogo e adicione o DME pouco a pouco, mexendo sempre para não empelotar. Recoloque o caldeirão no fogo.

4. Quando a água começar a ferver, faça a primeira adição de lúpulo e programe o *timer* para 60 minutos. Regule a chama para manter a fervura enquanto controla a espuma.

5. Faltando 10 minutos, faça a segunda adição de lúpulo.

6. Faltando 5 minutos, adicione a pastilha de Whirlfloc.

7. Despeje três quartos da água resfriada no fermentador, depois transfira o mosto quente. Adicione a água resfriada restante em quantidade necessária para atingir o volume de 21 litros.

8. Quando o mosto esfriar até 18 °C a 21 °C, inocule a levedura. Sele o fermentador e agite-o para aerar; deixe por 10 a 14 dias, até completar a fermentação.

9. Adicione o lúpulo Centennial ao fermentador para o *dry hopping* (ver p. 87) entre 4 e 7 dias antes de engarrafar a cerveja. Retire várias amostras durante esse período, para verificar mudanças de sabor e aroma da cerveja; engarrafe-a quando essas características parecerem boas.

10. Antes de engarrafar, prepare o *priming* e adicione-o à cerveja fermentada (ver pp. 68-70) ou coloque uma bala de carbonatação em cada garrafa. Continue com o engarrafamento e o condicionamento (ver pp. 67-77).

IPA WEST COAST

ESTILO: AMERICAN IPA
TAMANHO DO LOTE: 20 LITROS
ÁGUA DA FERVURA: 9,5 LITROS NO INÍCIO
DENSIDADE ORIGINAL: 1,064
DENSIDADE FINAL: 1,011
ABV DESEJADO: 7,0%
IBUs: 75
COR: 3,7 SRM

- 9,5 litros de água
- 2,7 kg de DME pilsner
- 453 g de DME munich
- 28 g de lúpulo Columbus 14% AA para lupulagem no primeiro mosto
- 28 g de lúpulo Cascade 5,5% AA por 10 minutos
- 28 g de lúpulo Chinook 13% AA por 10 minutos
- 453 g de açúcar (sacarose) (adicione 5 minutos antes do fim da fervura)
- 1 pastilha de Whirlfloc (adicione 5 minutos antes do fim da fervura)
- 15 litros de água resfriada (refrigere na véspera)
- 2 frascos (de 35 ml cada um) de levedura líquida White Labs WLP001 California Ale
- 28 g de lúpulo Cascade 5,5% AA para *dry hopping*
- 28 g de lúpulo Chinook 13% AA para *dry hopping*
- 28 g de lúpulo Citra 12% AA para *dry hopping*

As características tradicionais da American IPA são a fermentação límpida, o final seco, o amargor definido e o aroma repleto de lúpulo. Pode substituir qualquer lúpulo americano dessa receita, mas experimente primeiro a combinação sugerida. Depois, pode selecionar qualquer um entre os lúpulos americanos "C" para misturar e combinar. Por que são chamados "C"? Porque muitos dos melhores deles começam com essa letra.

1. Adicione os 9,5 litros de água ao caldeirão e leve ao fogo.
2. Quando a água atingir 49 °C, retire o caldeirão do fogo e adicione o DME pouco a pouco, mexendo sempre para não empelotar. Recoloque o caldeirão no fogo.
3. Quando todo o DME for adicionado, acrescente o lúpulo Columbus para lupulagem no primeiro mosto.
4. Quando a água começar a ferver, programe o *timer* para 60 minutos. Regule a chama para manter a fervura enquanto controla a espuma.
5. Faltando 10 minutos, adicione os lúpulos Cascade e Chinook.
6. Faltando 5 minutos, retire o caldeirão do fogo e adicione a pastilha de Whirlfloc e o açúcar, mexendo até dissolvê-lo, para que não queime. Recoloque o caldeirão no fogo.
7. Despeje três quartos da água resfriada no fermentador, depois transfira o mosto quente. Adicione a água resfriada restante em quantidade necessária para atingir o volume de 21 litros.
8. Quando o mosto esfriar até 18 °C a 21 °C, inocule a levedura. Sele o fermentador e agite-o para aerar; deixe por 10 a 14 dias, até completar a fermentação.
9. Adicione ao fermentador os lúpulos Cascade, Chinook e Citra para o *dry hopping* (ver p. 87) de 4 a 7 dias antes de engarrafar a cerveja. Retire várias amostras durante esse período, para verificar mudanças de sabor e aroma da cerveja, e engarrafe-a quando essas características parecerem boas.
10. Antes de engarrafar, prepare o *priming* e adicione-o à cerveja fermentada (ver pp. 70-72) ou coloque uma bala de carbonatação em cada garrafa. Continue com o engarrafamento e o condicionamento (ver pp. 67-77).

CENTENNIAL PALE ALE

ESTILO: AMERICAN PALE ALE

TAMANHO DO LOTE: 20 LITROS

ÁGUA DA FERVURA: 9,5 LITROS NO INÍCIO

DENSIDADE ORIGINAL: 1,060

DENSIDADE FINAL: 1,011

ABV DESEJADO: 6,4%

IBUs: 58

COR: 8,4 SRM

- 453 g de malte caramel/crystal 40 °L
- 9,5 litros de água
- 3 kg de DME pale ale
- 28 g de lúpulo Centennial 10% AA por 45 minutos
- 28 g de lúpulo Centennial 10% AA por 30 minutos
- 1 pastilha de Whirlfloc (adicione 5 minutos antes do fim da fervura)
- 15 litros de água resfriada (refrigere na véspera)
- 11,5 g de levedura seca Fermentis Safale US-05
- 28 g de lúpulo Centennial 10% AA para *dry hopping*

Grapefruit e pinho dominam essa cerveja. Peça o lúpulo Centennial mais fresco que conseguir quando for comprar os ingredientes. Essa receita é uma homenagem à Two Hearted Ale, da Bell's, que foi durante muito tempo uma das pale ales mais populares no movimento de cervejas artesanais.

1. Se não tiver solicitado a moagem dos cereais na loja, faça isso com o moinho portátil ou com o procedimento explicado na p. 51. Ponha os grãos moídos no *grain bag* de musselina.

2. Adicione os 9,5 litros de água ao caldeirão. Ponha o *grain bag* no caldeirão, suspendendo-o para que não encoste no fundo. Pode amarrar o *grain bag* à alça do caldeirão se ele for suficientemente longo. Se não contar com uma alça, use um pregador grande para prendê-lo à lateral do caldeirão. Ponha a água no fogo. Retire o *grain bag* antes da fervura, preferivelmente por volta de 74 °C.

3. Quando a água atingir 49 °C, retire o caldeirão do fogo e adicione o DME pouco a pouco, mexendo sempre para não empelotar. Recoloque o caldeirão no fogo.

4. Quando a água começar a ferver, programe o *timer* para 60 minutos. Regule a chama para manter a fervura enquanto controla a espuma.

5. Faltando 45 minutos, faça a primeira adição de lúpulo.

6. Faltando 30 minutos, faça a segunda adição de lúpulo.

7. Faltando 5 minutos, adicione a pastilha de Whirlfloc.

8. Despeje três quartos da água resfriada no fermentador, depois transfira o mosto quente. Adicione a água resfriada restante em quantidade necessária para atingir o volume de 21 litros.

9. Quando o mosto esfriar até 21 °C, inocule a levedura. Sele o fermentador e agite-o para aerar; deixe por 10 a 14 dias, até completar a fermentação.

10. Coloque o lúpulo Centennial para o *dry hopping* (ver p. 87) no fermentador de 4 a 7 dias antes de engarrafar a cerveja. Retire várias amostras durante esse período para verificar mudanças de sabor e aroma da cerveja e engarrafe-a quando essas características parecerem boas.

11. Antes de engarrafar, prepare o *priming* e adicione-o à cerveja fermentada (ver pp. 70-72) ou coloque uma bala de carbonatação em cada garrafa. Continue com o engarrafamento e o condicionamento (ver pp. 67-77).

MOSAIC PALE ALE

ESTILO: AMERICAN PALE ALE
TAMANHO DO LOTE: 20 LITROS
ÁGUA DA FERVURA: 9,5 LITROS NO INÍCIO
DENSIDADE ORIGINAL: 1,053
DENSIDADE FINAL: 1,010
ABV DESEJADO: 5,6%
IBUs: 38
COR: 4,2 SRM

- 9,5 litros de água
- 1,4 kg de DME pale ale
- 1,4 kg de DME pilsner
- 28 g de lúpulo Warrior 15% AA por 60 minutos
- 28 g de lúpulo Mosaic 7,5% AA por 10 minutos
- 1 pastilha de Whirlfloc (adicione 5 minutos antes do fim da fervura)
- 15 litros de água resfriada (refrigere na véspera)
- 11,5 g de levedura seca Fermentis Safale US-05
- 56 g de lúpulo Mosaic 7,5% AA para *dry hopping*

Essa pale ale destaca todos os novos sabores que são a marca registrada das variedades de lúpulo mais recentes, e o Mosaic, juntamente de outros dessa leva, tem sabor de frutas tropicais. E aqui ele cumpre essa promessa e aparece como alternativa às notas de grapefruit e pinho da americana clássica. Ela foi inspirada na série One Hop This Time, da Night Shift Brewing.

1. Adicione os 9,5 litros de água ao caldeirão e leve ao fogo.
2. Quando a água atingir 49 °C, retire o caldeirão do fogo e adicione o DME pouco a pouco, mexendo sempre para não empelotar. Quando estiver completamente misturado, recoloque o caldeirão no fogo.
3. Quando a água começar a ferver, faça a primeira adição de lúpulo e programe o *timer* para 60 minutos. Regule a chama para manter a fervura enquanto controla a espuma.
4. Faltando 10 minutos, faça a segunda adição de lúpulo.
5. Faltando 5 minutos, adicione a pastilha de Whirlfloc.
6. Despeje três quartos da água resfriada no fermentador, depois transfira o mosto quente. Adicione a água resfriada restante em quantidade necessária para atingir o volume de 21 litros.
7. Quando o mosto esfriar até 18 °C a 21 °C, inocule a levedura. Sele o fermentador e agite-o para aerar; deixe por 10 a 14 dias, até completar a fermentação.
8. Adicione o lúpulo Mosaic para o *dry hopping* (ver p. 87) ao fermentador de 4 a 7 dias antes de engarrafar a cerveja. Retire várias amostras durante esse período, para verificar mudanças de sabor e aroma da cerveja, e engarrafe-a quando essas características parecerem boas.
9. Antes de engarrafar, prepare o *priming* e adicione-o à cerveja fermentada (ver pp. 70-72) ou coloque uma bala de carbonatação em cada garrafa. Continue com o engarrafamento e o condicionamento (ver pp. 67-77).

DICA: Pode testar nessa receita uma variedade de lúpulo não explorada. Faça a substituição na adição de 10 minutos e também no *dry hopping* com um lúpulo de sua escolha.

AMERICAN PORTER

ESTILO: AMERICAN PORTER
TAMANHO DO LOTE: 20 LITROS
ÁGUA DA FERVURA: 9,5 LITROS NO INÍCIO
DENSIDADE ORIGINAL: 1,064
DENSIDADE FINAL: 1,014
ABV DESEJADO: 6,5%
IBUs: 62
COR: 39 SRM

- 900 g de malte Munich 10 °L
- 227 g de malte Briess Midnight Wheat (550 °L)
- 227 g de malte chocolate (350 °L)
- 113 g de malte black patent (500 °L)
- 9,5 litros de água
- 900 g de DME light
- 3 kg de LME golden
- 28 g de lúpulo Columbus 14,0% AA por 60 minutos
- 28 g de lúpulo Willamette 5,5% AA por 20 minutos
- 28 g de lúpulo Willamette 5,5% AA por 5 minutos
- 1 pastilha de Whirlfloc (adicione 5 minutos antes do fim da fervura)
- 15 litros de água resfriada (refrigere na véspera)
- 11,5 g da levedura seca Fermentis Safale US-05

A American porter tem característica forte de malte torrado. Pode conter notas de café e chocolate amargo. Os sabores e aromas vêm do uso maciço de maltes torrados escuros. A versão americana da porter é equilibrada por uma dose reforçada de lúpulos de amargor e aroma. Embora não seja a cópia exata, ela é semelhante à porter da Sierra Nevada e à versão da Mayflower Brewing.

1. Se não tiver solicitado a moagem dos cereais na loja, faça isso com o moinho portátil ou com o procedimento explicado na p. 51. Ponha os grãos moídos no *grain bag* de musselina.

2. Adicione os 9,5 litros de água ao caldeirão. Ponha o *grain bag* no caldeirão, suspendendo-o para que não encoste no fundo. Pode amarrar o *grain bag* à alça do caldeirão se ele for suficientemente longo. Se não contar com uma alça, use um pregador grande para prendê-lo à lateral do caldeirão. Ponha a água no fogo. Retire o *grain bag* antes da fervura, preferivelmente por volta de 74 °C.

3. Quando a água atingir 49 °C, retire a panela do fogo e adicione o DME pouco a pouco, mexendo sempre para não empelotar. Recoloque a panela no fogo.

4. Quando a água estiver prestes a ferver, retire a panela do fogo e adicione, mexendo, o LME. Quando estiver completamente misturado, recoloque o caldeirão no fogo.

5. Quando a água começar a ferver, faça a primeira adição de lúpulo e programe o *timer* para 60 minutos. Regule a chama para manter a fervura enquanto controla a espuma.

6. Faltando 20 minutos, faça a segunda adição de lúpulo.

7. Faltando 5 minutos, adicione os lúpulos restantes e a pastilha de Whirlfloc.

8. Despeje três quartos da água resfriada no fermentador, depois transfira o mosto quente. Adicione a água resfriada restante em quantidade necessária para atingir o volume de 21 litros.

9. Quando o mosto esfriar até 18 °C a 21 °C, inocule a levedura. Sele o fermentador e agite-o para aerar; deixe por 10 a 14 dias, até completar a fermentação.

10. Antes de engarrafar, prepare o *priming* e adicione-o à cerveja fermentada (ver pp. 70-72) ou coloque uma bala de carbonatação em cada garrafa. Continue com o engarrafamento e o condicionamento (ver pp. 67-77).

BELGIAN PALE ALE

ESTILO: BELGIAN PALE ALE
TAMANHO DO LOTE: 20 LITROS
ÁGUA DA FERVURA: 9,5 LITROS NO INÍCIO
DENSIDADE ORIGINAL: 1,053
DENSIDADE FINAL: 1,007
ABV DESEJADO: 6,1%
IBUs: 30
COR: 10 SRM

- 227 g de malte Carapils 2 °L
- 227 g de malte Caramunich 56 °L
- 57 g de malte Carafa Special II 415 °L
- 9,5 litros de água
- 2,2 kg de DME pilsner
- 28 g de lúpulo Styrian Goldings 5,4% AA por 60 minutos
- 28 g de lúpulo Styrian Goldings 5,4% AA por 15 minutos
- 453 g de açúcar (sacarose) (adicione 10 minutos antes do fim da fervura)
- 1 pastilha de Whirlfloc (adicione 5 minutos antes do fim da fervura)
- 15 litros de água resfriada (refrigere na véspera)
- 2 frascos (de 35 ml cada um) de levedura líquida White Labs Antwerp Ale WLP515

Os perfis de levedura da Belgian ale tendem a exibir notas interessantes de ésteres frutados juntamente de características ocasionais condimentadas/herbáceas. A Belgian pale ale clássica nessa categoria é a Leffe Blond Ale; uma ale seca, com final inconfundível. Recomenda-se a adição de dois frascos de levedura para uma densidade mais alta do que a média para uma boa fermentação.

1. Se não tiver solicitado a moagem dos cereais na loja, faça isso com o moinho portátil ou com o procedimento explicado na p. 51. Ponha os grãos moídos no *grain bag* de musselina.

2. Adicione os 9,5 litros de água ao caldeirão. Ponha o *grain bag* no caldeirão, suspendendo-o para que não encoste no fundo. Pode amarrar o *grain bag* à alça do caldeirão se ele for suficientemente longo. Se não contar com uma alça, use um pregador grande para prendê-lo à lateral do caldeirão. Ponha a água no fogo. Retire o *grain bag* antes da fervura, preferivelmente por volta de 74 °C.

3. Quando a água atingir 49 °C, retire o caldeirão do fogo e adicione o DME pouco a pouco, mexendo sempre para não empelotar. Recoloque o caldeirão no fogo.

4. Quando a água começar a ferver, faça a primeira adição do lúpulo Styrian Goldings e programe o *timer* para 60 minutos. Regule a chama para manter a fervura enquanto controla a espuma.

5. Faltando 15 minutos, faça a segunda adição do lúpulo Styrian Goldings.

6. Faltando 10 minutos, retire o caldeirão do fogo, adicione o açúcar, mexendo até dissolvê-lo, para que não queime. Recoloque o caldeirão no fogo.

7. Faltando 5 minutos, adicione a pastilha de Whirlfloc.

8. Despeje três quartos da água resfriada no fermentador, depois transfira o mosto quente. Adicione a água resfriada restante em quantidade necessária para atingir o volume de 21 litros.

9. Quando o mosto esfriar até 18 °C a 21 °C, inocule a levedura. Sele o fermentador e agite-o para aerar; deixe por 10 a 14 dias, até completar a fermentação.

10. Antes de engarrafar, prepare o *priming* e acrescente-o à cerveja fermentada (ver pp. 70-72) ou coloque uma bala de carbonatação em cada garrafa. Continue com o engarrafamento e o condicionamento (ver p. 67-77).

BLACK IPA

ESTILO: BLACK IPA
TAMANHO DO LOTE: 20 LITROS
ÁGUA DA FERVURA: 9,5 LITROS NO INÍCIO
DENSIDADE ORIGINAL: 1,068
DENSIDADE FINAL: 1,012
ABV DESEJADO: 7,4%
IBUs: 62
COR: 28 SRM

- 170 g de malte Carafa Special III 470 °L
- 170 g de malte Midnight Wheat 550 °L
- 9,5 litros de água
- 2,2 kg de DME pilsner
- 900 g de DME munich
- 28 g de lúpulo Magnum 12% AA para lupulagem no primeiro mosto
- 28 g de lúpulo Cascade 5,5% AA por 10 minutos
- 28 g de lúpulo Centennial 10% AA por 10 minutos
- 1 pastilha de Whirlfloc (adicione 5 minutos antes do fim da fervura)
- 453 g de açúcar (sacarose)
- 15 litros de água resfriada (refrigere na véspera)
- 11,5 g de levedura seca White Labs WLP001 California Ale
- 28 g de lúpulo Cascade 5,5% AA para *dry hopping*
- 28 g de lúpulo Centennial 10% AA para *dry hopping*

Essa é uma variação interessante da American IPA tradicional. Sua intenção é ter o gosto e o aroma de uma American IPA, mas também ter uma aparência bem escura, quase preta. A questão é conseguir a cor escura sem imprimir um sabor excessivamente torrado, o que a deixará mais parecida com uma American stout muito lupulada, o que pode ser bom, mas não é o objetivo da Black IPA.

1. Se não tiver solicitado a moagem dos cereais na loja, faça isso com o moinho portátil ou com o procedimento explicado na p. 51. Ponha os grãos moídos no *grain bag* de musselina.

2. Adicione os 9,5 litros de água ao caldeirão. Ponha o *grain bag* no caldeirão, suspendendo-o para que não encoste no fundo. Pode amarrar o *grain bag* à alça do caldeirão se ele for suficientemente longo. Se não contar com uma alça, use um pregador grande para prendê-lo à lateral do caldeirão. Ponha a água no fogo. Retire o *grain bag* antes da fervura, preferivelmente por volta de 74 °C.

3. Quando a água atingir 49 °C, retire o caldeirão do fogo, adicione o DME pouco a pouco, mexendo sempre para não empelotar. Recoloque o caldeirão no fogo.

4. Depois de adicionar o DME, acrescente o lúpulo Magnum para a lupulagem no primeiro mosto.

5. Quando a água começar a ferver, programe o *timer* para 60 minutos. Regule a chama para manter a fervura enquanto controla a espuma.

6. Faltando 10 minutos, adicione os lúpulos Cascade e Centennial.

7. Faltando 5 minutos, adicione a pastilha de Whirlfloc.

8. Quando o *timer* desligar, tire o caldeirão do fogo, adicione o açúcar, mexendo até dissolvê-lo.

9. Despeje três quartos da água resfriada no fermentador, depois transfira o mosto quente. Adicione a água resfriada restante em quantidade necessária para atingir o volume de 21 litros.

10. Quando o mosto esfriar até 18 °C a 21 °C, inocule a levedura. Sele o fermentador e agite-o para aerar; deixe por 10 a 14 dias, até completar a fermentação.

BLACK IPA Continua

11. Coloque o Cascade e o Centennial para o *dry hopping* (ver p. 87) no fermentador por 4 a 7 dias antes de engarrafar a cerveja. Retire várias amostras durante esse período, para verificar mudanças de sabor e aroma da cerveja, e engarrafe-a quando essas características parecerem boas.

12. Antes de engarrafar, prepare o *priming* e acrescente-o à cerveja fermentada (ver pp. 70-72) ou coloque uma bala de carbonatação em cada garrafa. Continue com o engarrafamento e o condicionamento (ver pp. 67-77).

> **DICA:** Para obter a melhor expressão do lúpulo, o açúcar deve ser adicionado depois da fervura, com o caldeirão já fora do fogo. Isso vai abaixar um pouco a densidade durante a fervura, o que vai melhorar a utilização do lúpulo.

BELGIAN DUBBEL

ESTILO: BELGIAN DUBBEL
TAMANHO DO LOTE: 20 LITROS
ÁGUA DA FERVURA: 9,5 LITROS NO INÍCIO
DENSIDADE ORIGINAL: 1,065
DENSIDADE FINAL: 1,009
ABV DESEJADO: 7,3%
IBUs: 24
COR: 17 SRM

- 227 g de malte Special B 180 °L
- 227 g de malte Caramunich 56 °L
- 227 g de malte biscuit 23 °L
- 9,5 litros de água
- 3,6 kg de DME pilsner
- 42 g de lúpulo Styrian Goldings 5,4% AA por 60 minutos
- 1 pastilha de Whirlfloc (adicione 5 minutos antes do fim da fervura)
- 453 g de xarope de açúcar-cândi âmbar (D-45) 75 °L
- 15 litros de água resfriada (refrigere na véspera)
- 2 frascos (de 35 ml cada um) de levedura líquida White Labs Abbey Ale WLP530

As ales belgas pertencem a uma categoria diferente da maioria das receitas encontradas aqui ou em outro lugar, e a Belgian dubbel não é exceção. Ela é escura, maltada e intensa, embora seja seca e permaneça bebível graças ao xarope de açúcar-cândi âmbar adicionado para atingir a fermentação completa. Duas embalagens da levedura são recomendadas para uma densidade mais alta do que a média a fim de atingir uma boa fermentação. Essas cervejas tendem a ser um tanto fortes, portanto fique preparado.

1. Se não tiver solicitado a moagem dos cereais na loja, faça isso com o moinho portátil ou com o procedimento explicado na p. 51. Ponha os grãos moídos no *grain bag* de musselina.

2. Adicione os 9,5 litros de água ao caldeirão. Ponha o *grain bag* no caldeirão, suspendendo-o para que não encoste no fundo. Pode amarrar o *grain bag* à alça do caldeirão se ele for suficientemente longo. Se não contar com uma alça, use um pregador grande para prendê-lo à lateral do caldeirão. Ponha a água no fogo. Retire o *grain bag* antes da fervura, preferivelmente por volta de 74 °C.

3. Quando a água atingir 49 °C, tire o caldeirão do fogo e adicione o DME pouco a pouco, mexendo sempre para não empelotar. Recoloque o caldeirão no fogo.

4. Quando a água começar a ferver, adicione os lúpulos e programe o *timer* para 60 minutos. Regule a chama para manter a fervura enquanto controla a espuma.

5. Faltando 5 minutos, adicione a pastilha de Whirlfloc.

6. Quando o *timer* desligar, tire o caldeirão do fogo, adicione o xarope de açúcar-cândi e mexa até dissolvê-lo.

7. Despeje três quartos da água resfriada no fermentador, depois transfira o mosto quente. Adicione a água resfriada restante em quantidade necessária para atingir o volume de 21 litros.

8. Quando o mosto esfriar até 18 °C a 21 °C, inocule a levedura. Sele o fermentador e agite-o para aerar; deixe por 10 a 14 dias, até completar a fermentação.

9. Antes de engarrafar, prepare o *priming* e o adicione à cerveja fermentada (pp. 70-72) ou coloque uma pastilha de carbonatação em cada garrafa. Continue com o engarrafamento e o condicionamento (ver pp. 67-77).

LAWN MOWER BEER

ESTILO: (UM TIPO DE) AMERICAN BLONDE ALE
TAMANHO DO LOTE: 20 LITROS
ÁGUA DA FERVURA: 9,5 LITROS NO INÍCIO
DENSIDADE ORIGINAL: 1,053
DENSIDADE FINAL: 1,010
ABV DESEJADO: 5,7%
IBUs: 25
COR: 4 SRM

- 9,5 litros de água
- 2,2 kg de DME pilsner
- 453 g de xarope de arroz
- 28 g de lúpulo Amarillo 9,2% AA por 60 minutos
- 1 pastilha de Whirlfloc (adicione 5 minutos antes do fim da fervura)
- 19 litros de água resfriada (refrigere na véspera)
- 35 ml de levedura líquida White Labs WLP001 California Ale

O que é uma cerveja *lawn mower* (cortador de grama)? É a cerveja perfeita para beber depois de um dia quente cuidando do jardim ou, se não tiver um, vale só para a parte do dia quente! Essa bebida simples deve ser refrescante e seca, com sabor suave de malte e lúpulo suficiente para ainda ser chamada de cerveja. O xarope de arroz é completamente fermentável e contribui para aquele sabor crocante, além de ser um ingrediente semelhante aos das práticas de megacervejarias para fazer cerveja clara refrescante. Quando o clima ficar quente e úmido, vá atrás dessa cerveja. Sugerimos que faça logo dois lotes, porque ela é consumida rapidamente. Colocamos lúpulo Amarillo nessa versão, mas, com uma única adição de lúpulo, você pode usar aquele que desejar. Só preste atenção ao amargor, dependendo do que escolher.

1. Adicione os 9,5 litros de água ao caldeirão e leve ao fogo.
2. Quando a água atingir 49 °C, retire o caldeirão do fogo, adicione o DME pouco a pouco, mexendo sempre para não empelotar. Recoloque o caldeirão no fogo. Depois, acrescente o xarope de arroz, mexendo até dissolvê-lo.
3. Quando a água começar a ferver, adicione os lúpulos e programe o *timer* para 60 minutos. Regule a chama para manter a fervura enquanto controla a espuma.
4. Faltando 5 minutos, adicione a pastilha de Whirlfloc.
5. Despeje três quartos da água resfriada no fermentador, depois transfira o mosto quente. Adicione a água resfriada restante em quantidade necessária para atingir o volume de 21 litros.
6. Quando o mosto esfriar até 18 °C a 21 °C, inocule a levedura. Sele o fermentador e agite-o para aerar; deixe por 10 a 14 dias, até completar a fermentação.
7. Antes de engarrafar, prepare o *priming* e acrescente-o à cerveja fermentada (ver pp. 70-72) ou coloque uma bala de carbonatação em cada garrafa. Continue com o engarrafamento e o condicionamento (ver pp. 67-77).

HOP BURST PALE ALE

ESTILO: AMERICAN PALE ALE
TAMANHO DO LOTE: 19 LITROS
ÁGUA DA FERVURA: 9,5 LITROS NO INÍCIO
DENSIDADE ORIGINAL: 1,053
DENSIDADE FINAL: 1,013
ABV DESEJADO: 5,3%
IBUs: 54
COR: 4 SRM

- 9,5 litros de água
- 453 g de DME light
- 3 kg de LME pilsner
- 28 g de lúpulo Citra 12% AA por 10 minutos
- 28 g de lúpulo El Dorado 15% AA por 10 minutos
- 28 g de lúpulo Galaxy 14% AA por 10 minutos
- 1 pastilha de Whirlfloc (adicione 5 minutos antes do fim da fervura)
- 15 litros de água resfriada (refrigere na véspera)
- 35 ml de levedura líquida White Labs WLP001 California Ale

DICA: Parece esquisito uma carga grande de lúpulos no fim da fervura, mas funciona. Ainda são necessários 60 minutos para a evaporação adequada acontecer. Todos os lúpulos são adicionados 10 minutos antes da fervura acabar. Você pode alterar o tempo para verificar se cria um efeito melhor para o sabor.

Essa cerveja serve mais para destacar a técnica do que para se encaixar em um estilo de cerveja específico. *Hop bursting* é o método em que se adiciona uma quantidade realmente grande de lúpulo perto do fim da fervura para preservar seu sabor e aroma enquanto prioriza somente unidades de amargor suficientes para satisfazer a necessidade de equilibrar a cerveja. É mais uma cerveja que serve de base para explorar variedades de lúpulos. Nessa, procuramos fazer uma grande jogada com os sabores de lúpulo mais novos disponíveis. Misture-os e explore as possibilidades ilimitadas do *hop bursting*.

1. Adicione os 9,5 litros de água ao caldeirão e leve ao fogo.
2. Quando a água atingir 49 °C, retire o caldeirão do fogo e adicione o DME pouco a pouco, mexendo sempre para não empelotar. Recoloque o caldeirão no fogo.
3. Quando a água estiver prestes a ferver, tire o caldeirão do fogo e adicione o LME, mexendo enquanto o despeja. Depois de misturar bem, recoloque o caldeirão no fogo.
4. Quando a água começar a ferver, programe o *timer* para 60 minutos. Regule a chama para manter a fervura enquanto controla a espuma.
5. Faltando 10 minutos, adicione os lúpulos.
6. Faltando 5 minutos, adicione a pastilha de Whirlfloc.
7. Despeje três quartos da água resfriada no fermentador, depois transfira o mosto quente. Adicione a água resfriada restante em quantidade necessária para atingir o volume de 21 litros.
8. Quando o mosto esfriar até 18 °C a 21 °C, inocule a levedura. Sele o fermentador e agite-o para aerar; deixe por 10 a 14 dias, até completar a fermentação.
9. Antes de engarrafar, prepare o *priming* e o adicione à cerveja fermentada (ver pp. 70-72) ou coloque uma bala de carbonatação em cada garrafa. Continue com o engarrafamento e o condicionamento (ver pp. 67-77).

ENGLISH BROWN ALE

ESTILO: ENGLISH BROWN ALE
TAMANHO DO LOTE: 19 LITROS
ÁGUA DA FERVURA: 9,5 LITROS NO INÍCIO
DENSIDADE ORIGINAL: 1,055
DENSIDADE FINAL: 1,012
ABV DESEJADO: 5,6%
IBUs: 27
COR: 20 SRM

- 340 g de malte pale chocolate 220 °L
- 227 g de malte caramel/crystal 60 °L
- 170 g de malte Briess Special Roasted 50 °L
- 9,5 litros de água
- 2,7 kg de DME pale
- 28 g de lúpulo East Kent Goldings 5% AA por 60 minutos
- 28 g de lúpulo East Kent Goldings 5% AA por 15 minutos
- 1 pastilha de Whirlfloc (adicione 5 minutos antes do fim da fervura)
- 15 litros de água resfriada (refrigere na véspera)
- 35 ml de levedura líquida White Labs WLP007 Dry English Ale

DICA: Essa é uma boa receita para explorar o mundo das leveduras de ale inglesas. Fique à vontade para usar qualquer uma das muitas cepas disponíveis.

A English brown ale ocupa um lugar especial em nosso coração. Essa cerveja é uma mistura perfeita das características de malte e fermentação e cai bem em qualquer época do ano. Esperamos que você ame os sabores sutis de malte tostado, biscoito e pão integral tanto quanto nós. É uma boa substituta da Nut Brown Ale, da Samuel Smith.

1. Se não tiver solicitado a moagem dos cereais na loja, faça isso com o moinho portátil ou com o procedimento explicado na p. 51. Ponha os grãos moídos no *grain bag* musselina.

2. Adicione os 9,5 litros de água ao caldeirão. Ponha o *grain bag* de musselina no caldeirão, suspendendo-o para que não encoste no fundo. Pode amarrar o *grain bag* na alça do caldeirão se ele for suficientemente longo. Se não contar com uma alça, use um pregador grande para prendê-lo à lateral do caldeirão. Ponha a água no fogo. Retire o *grain bag* antes da fervura, preferivelmente por volta de 74 °C.

3. Quando a água atingir 49 °C, retire o caldeirão do fogo e adicione o DME pouco a pouco, mexendo sempre para não empelotar. Recoloque o caldeirão no fogo.

4. Quando a água começar a ferver, faça a primeira adição de East Kent Goldings e programe o *timer* para 60 minutos. Regule a chama para manter a fervura enquanto controla a espuma.

5. Faltando 15 minutos, faça a segunda adição de East Kent Goldings.

6. Faltando 5 minutos, adicione a pastilha de Whirlfloc.

7. Despeje três quartos da água resfriada no fermentador, depois transfira o mosto quente. Adicione a água resfriada restante em quantidade necessária para atingir o volume de 21 litros.

8. Quando o mosto esfriar até 18 °C a 21 °C, inocule a levedura. Sele o fermentador e agite-o para aerar; deixe por 10 a 14 dias, até completar a fermentação.

9. Antes de engarrafar, prepare o *priming* e o adicione à cerveja fermentada (ver pp. 70-72) ou coloque uma bala de carbonatação em cada garrafa. Continue com o engarrafamento e o condicionamento (ver pp. 67-77).

AMERICAN CREAM ALE

ESTILO: AMERICAN CREAM ALE
TAMANHO DO LOTE: 19 LITROS
ÁGUA DA FERVURA: 9,5 LITROS NO INÍCIO
DENSIDADE ORIGINAL: 1,050
DENSIDADE FINAL: 1,010
ABV DESEJADO: 5,3%
IBUs: 20
COR: 6 SRM

- 453 g de flocos de milho
- 453 g de malte pale 2 °L
- 9,5 litros de água
- 2,2 kg de DME pilsner
- 28 g de lúpulo Liberty 4% AA por 60 minutos
- 28 g de lúpulo Liberty 4% AA por 10 minutos
- 1 pastilha de Whirlfloc (adicione 5 minutos antes do fim da fervura)
- 15 litros de água resfriada (refrigere na véspera)
- 35 ml de levedura líquida White Labs WLP001 California Ale

Uma ale de cor vibrante, fácil de beber, que foi imaginada originalmente para competir com a influência da Pilsner alemã na produção de lager. Essa cerveja tem a característica doce do malte pilsner. Ela é seca e ligeiramente condimentada graças às qualidades terrosas do lúpulo Liberty. A cream ale da Genesee e a da Narragansett são ótimos exemplos desse estilo.

1. Faça uma minibrassagem para os flocos de milho. Misture os flocos e o malte no *grain bag* de musselina. Aqueça 9,5 litros de água a 65 °C e adicione o *grain bag*. Mantenha a água nessa temperatura por 30 minutos, regulando a chama conforme a necessidade.

2. Quando acabar a minibrassagem, desligue o fogo e coloque o *grain bag* em um escorredor sobre o caldeirão. Deixe-o lá até acabar de escorrer.

3. Um pouco de água se perde na minibrassagem. Complete o volume no caldeirão até atingir 9,5 litros. Comece levando o mosto à fervura sem tampa.

4. Quando a água atingir 49 °C, retire o caldeirão do fogo e adicione o DME pouco a pouco, mexendo sempre para não empelotar. Recoloque o caldeirão no fogo.

5. Quando a água começar a ferver, faça a primeira adição do lúpulo Liberty e programe o *timer* para 60 minutos. Regule a chama para manter a fervura enquanto controla a espuma.

6. Faltando 10 minutos, faça a segunda adição de Liberty.

7. Faltando 5 minutos, adicione a pastilha de Whirlfloc.

8. Despeje três quartos da água resfriada no fermentador, depois transfira o mosto quente. Adicione a água resfriada restante em quantidade necessária para atingir o volume de 21 litros.

9. Quando o mosto esfriar até 18 °C a 21 °C, inocule a levedura. Sele o fermentador e agite-o para aerar; deixe por 10 a 14 dias, até completar a fermentação.

AMERICAN CREAM ALE Continua

10. Antes de engarrafar, prepare o *priming* e o adicione à cerveja fermentada (ver pp. 70-72) ou coloque uma bala de carbonatação em cada garrafa. Continue com o engarrafamento e o condicionamento (ver pp. 67-77).

> **INSTRUÇÕES ESPECIAIS:** Essa é mais uma cerveja em que manter a temperatura de fermentação abaixo de 21 °C é fundamental para uma fermentação limpa. Quando ela tiver acabado, mantenha a cerveja tão fria quanto possível para acelerar a clarificação. Isso pode ser feito gelando a cerveja no fermentador ou nas garrafas. Apenas certifique-se de que as garrafas carbonataram antes de armazená-las em temperaturas refrigeradas para a clarificação; caso contrário, a levedura não vai carbonatar as garrafas.

CZECH PILSNER

ESTILO: CZECH PALE LAGER
TAMANHO DO LOTE: 19 LITROS
ÁGUA DA FERVURA: 9,5 LITROS NO INÍCIO
DENSIDADE ORIGINAL: 1,043
DENSIDADE FINAL: 1,009
ABV DESEJADO: 4,4%
IBUs: 22
COR: 2,5 SRM

- 340 g de malte Carapils 2 °L
- 9,5 litros de água
- 2,2 kg de DME pilsner
- 42 g de lúpulo Saaz 3,7% AA por 60 minutos
- 1 pastilha de Whirlfloc (adicione 5 minutos antes do fim da fervura)
- 15 litros de água resfriada (refrigere na véspera)
- 125 ml de levedura líquida Wyeast 2001 Urquell Lager

Essa é uma das poucas lagers deste livro, pois elas requerem atenção especial para uma boa fermentação, por isso fique atento à temperatura durante esse momento. A Czech Pilsner é ligeiramente menos lupulada do que sua prima alemã, tem gosto limpo e é fácil de beber. A Pilsner da Urquell é a versão internacional mais inconfundível desse estilo, entretanto não viaja bem. Agora você pode fazê-la para ter fresquinha em casa.

1. Se não tiver solicitado a moagem dos cereais na loja, faça isso com o moinho portátil ou com o procedimento explicado na p. 51. Ponha os grãos moídos em um *grain bag* de musselina.

2. Adicione os 9,5 litros de água ao caldeirão. Ponha o *grain bag* no caldeirão, suspendendo-o para que não encoste no fundo. Pode amarrar o *grain bag* à alça do caldeirão se ele for suficientemente longo. Se não contar com uma alça, use um pregador grande para prendê-lo à lateral do caldeirão. Ponha a água no fogo. Retire o *grain bag* antes da fervura, preferivelmente por volta de 74 °C.

3. Complete os 9,5 litros de água e leve ao fogo.

4. Quando a água atingir 49 °C, retire o caldeirão do fogo e adicione o DME pouco a pouco, mexendo sempre para não empelotar. Recoloque o caldeirão no fogo.

5. Quando a água começar a ferver, adicione os lúpulos e programe o *timer* para 60 minutos. Regule a chama para manter a fervura enquanto controla a espuma.

6. Faltando 5 minutos, adicione a pastilha de Whirlfloc.

7. Despeje três quartos da água resfriada no fermentador, depois transfira o mosto quente. Adicione a água resfriada restante em quantidade necessária para atingir o volume de 21 litros.

8. Quando o mosto esfriar até 10 °C a 13 °C, inocule a levedura. Sele o fermentador, agite-o ou gire para aerar; deixe por 10 a 14 dias, até completar a fermentação. Por causa da levedura lager, mantenha a fermentação entre 10 °C a 13 °C durante esse período.

continua >>

CZECH PILSNER Continua

9. Antes de engarrafar, prepare o *priming* e o adicione à cerveja fermentada (ver pp. 70-72) ou coloque uma bala de carbonatação em cada garrafa. Continue com o engarrafamento e o condicionamento (ver pp. 67-77).

> **DICA:** Produzimos nossas lagers do fim do outono até o começo da primavera, quando contamos com a despensa ou o porão com temperatura mais baixa para a fermentação mais fria. Verifique a faixa de temperatura da cepa de levedura que comprar. Se o seu ambiente permanecer frio durante o dia (por volta de 10 °C), a cerveja vai fermentar de acordo com a orientação. Depois de engarrafada e carbonatada, a lager se beneficiará com armazenamento em local frio. Deixe a cerveja carbonatada na temperatura normal da geladeira por mais duas semanas. O armazenamento mais longo deixará a cerveja límpida e com aquele sabor refrescante próprio das lagers. Não deixe de verificar se a cerveja carbonatou antes de armazená-la na geladeira, ou a levedura pode não carbonatar suficientemente.

NEIPA (NEW ENGLAND IPA)

ESTILO: AMERICAN IPA (ESTILO HÍBRIDO)

TAMANHO DO LOTE: 19 LITROS

ÁGUA DA FERVURA: 9,5 LITROS NO INÍCIO

DENSIDADE ORIGINAL: 1,071

DENSIDADE FINAL: 1,012

ABV DESEJADO: 7,7%

IBUs: 58

COR: 3,5 SRM

9,5 litros de água

2,2 kg de DME pilsner

28 g de lúpulo Amarillo 9,2% AA por 10 minutos

28 g de lúpulo Azacca 15% AA por 10 minutos

28 g de lúpulo Citra 12% AA por 10 minutos

28 g de lúpulo Galaxy 14% AA por 10 minutos

453 g de xarope de açúcar-cândi claro

1 pastilha de Whirlfloc (adicione 5 minutos antes do fim da fervura)

15 litros de água resfriada (refrigere na véspera)

125 ml de levedura líquida Wyeast 1318 London Ale III

56 g de lúpulo Citra 12% AA para *dry hopping*

56 g de lúpulo Galaxy 14% AA para *dry hopping*

28 g de lúpulo Amarillo 9,2% AA para *dry hopping*

28 g de lúpulo Azacca 15% para *dry hopping*

Se você gosta de cerveja artesanal, vai ser difícil não se deparar com este estilo. A NEIPA também é conhecida como a *hazy juice bomb* (bomba turva suculenta) dos estilos de cerveja. Ela se concentra em adições tardias de lúpulo em quantidades enormes de *dry hopping* para captar todos os seus óleos essenciais frutados e as características de cada variedade. Se a fizer, beba-a logo em seguida porque todo esse aroma e sabor de lúpulo começam a desaparecer rapidamente.

1. Adicione os 9,5 litros de água ao caldeirão e leve ao fogo.

2. Quando a água atingir 49 °C, tire o caldeirão do fogo e adicione o DME pouco a pouco, mexendo sempre para não empelotar. Recoloque o caldeirão no fogo.

3. Quando a água começar a ferver, programe o *timer* para 60 minutos. Regule o fogo para manter a fervura enquanto controla a espuma.

4. Faltando 10 minutos, adicione os lúpulos.

5. Faltando 5 minutos, adicione o xarope de açúcar-cândi e a pastilha de Whirlfloc.

6. Despeje três quartos da água resfriada no fermentador, depois transfira o mosto quente. Adicione a água resfriada restante em quantidade para atingir o volume de 21 litros.

7. Quando o mosto esfriar até 18 °C a 21 °C, inocule a levedura. Sele o fermentador e agite-o para aerar; deixe fermentar por 10 a 14 dias.

8. Adicione os lúpulos para o *dry hopping* (ver p. 87) ao fermentador entre 4 e 7 dias antes do engarrafamento. Retire várias amostras durante esse período para verificar mudanças de sabor e aroma da cerveja; engarrafe-a quando essas características parecerem boas.

9. Antes de engarrafar, prepare o *priming* e o adicione à cerveja fermentada (ver pp. 70-72) ou coloque uma bala de carbonatação em cada garrafa. Continue com o engarrafamento e o condicionamento (ver pp. 67-77).

GERMAN PILSNER

ESTILO: GERMAN PILSNER
TAMANHO DO LOTE: 19 LITROS
ÁGUA DA FERVURA: 9,5 LITROS NO INÍCIO
DENSIDADE ORIGINAL: 1,050
DENSIDADE FINAL: 1,010
ABV DESEJADO: 5,3%
IBUs: 35
COR: 2.6 SRM

- 9,5 litros de água
- 2,8 kg de DME pilsner
- 28 g de lúpulo Hallertau 5% AA por 60 minutos
- 28 g de lúpulo Tettnang 4,45% AA por 60 minutos
- 1 pastilha de Whirlfloc (adicione 5 minutos antes do fim da fervura)
- 15 litros de água resfriada (refrigere na véspera)
- 35 ml de levedura líquida White Labs WLP830 German Lager

Se pensar em Pilsner, essa cerveja provavelmente não corresponderá àquela que costuma beber. A German Pilsner se orgulha do caráter nobre do seu lúpulo, assim carrega um toque mais agudo e condimentado. Como a Czech Pilsner, essa é uma receita de lager e exige mais atenção à fermentação do que a ale.

1. Adicione os 9,5 litros de água ao caldeirão e leve ao fogo.
2. Quando a água atingir 49 °C, tire o caldeirão do fogo e adicione o DME pouco a pouco, mexendo sempre para não empelotar. Recoloque o caldeirão no fogo.
3. Quando a água começar a ferver, adicione os lúpulos e programe o *timer* para 60 minutos. Regule a chama para manter a fervura enquanto controla a espuma.
4. Faltando 5 minutos, adicione a pastilha de Whirlfloc.
5. Despeje três quartos da água resfriada no fermentador, depois transfira o mosto quente. Adicione a água resfriada restante em quantidade necessária para atingir o volume de 21 litros.
6. Quando o mosto esfriar até 10 °C a 13 °C, inocule a levedura. Sele o fermentador e agite-o para aerar; deixe por 10 a 14 dias, até completar a fermentação. Por causa da levedura lager, mantenha a fermentação entre 10 °C a 13 °C durante esse período.
7. Antes de engarrafar, prepare o *priming* e o acrescente à cerveja fermentada (ver pp. 70-72) ou coloque uma bala de carbonatação em cada garrafa. Continue com o engarrafamento e ao condicionamento (ver pp. 67-77).

VER BOX NA P. 126

ENGLISH PORTER

ESTILO: ENGLISH PORTER
TAMANHO DO LOTE: 19 LITROS
ÁGUA DA FERVURA: 9,5 LITROS NO INÍCIO
DENSIDADE ORIGINAL: 1,050
DENSIDADE FINAL: 1,016
ABV DESEJADO: 4,5%
IBUs: 28
COR: 28 SRM

- 340 g de malte chocolate inglês 425 °L
- 227 g de malte brown 65 °L
- 227 g de malte caramel/crystal 40 °L
- 9,5 litros de água
- 1,5 kg de DME light
- 1,4 kg de LME Maris Otter
- 28 g de lúpulo East Kent Goldings 5% AA por 60 minutos
- 28 g de lúpulo East Kent Goldings 5% AA por 15 minutos
- 1 pastilha de Whirlfloc (adicione 5 minutos antes do fim da fervura)
- 15 litros de água resfriada (refrigere na véspera)
- 125 ml de levedura líquida Wyeast 1968 London ESB

Porter é um estilo lendário. Essa versão inglesa é maltada, e ressalta a característica de chocolate amargo e malte torrado. Mantivemos o ABV sob controle para criar uma ale verdadeiramente ao estilo session. Essa cerveja que foi inspirada na Taddy Porter, da Samuel Smith, e deve ser consumida em várias rodadas com os amigos.

1. Se não tiver solicitado a moagem dos cereais na loja, faça isso com o moinho portátil ou com o procedimento explicado na p. 51. Ponha os grãos moídos no *grain bag* de musselina.

2. Adicione os 9,5 litros de água ao caldeirão. Ponha o *grain bag* no caldeirão, suspendendo-o para que não encoste no fundo. Pode amarrar o *grain bag* à alça do caldeirão se ele for suficientemente longo. Se não contar com uma alça, use um pregador grande para prendê-lo à lateral do caldeirão. Ponha a água no fogo. Retire o *grain bag* antes da fervura, preferivelmente por volta de 74 °C.

3. Quando a água atingir 49 °C, tire o caldeirão do fogo e adicione o DME pouco a pouco, mexendo sempre para não empelotar. Recoloque o caldeirão no fogo.

4. Quando a água estiver prestes a ferver, tire o caldeirão do fogo e adicione o LME, mexendo enquanto o despeja. Depois de misturar bem, recoloque o caldeirão no fogo.

5. Quando a água começar a ferver, faça a primeira adição de East Kent e programe o *timer* para 60 minutos. Regule a chama para manter a fervura enquanto controla a espuma.

6. Faltando 15 minutos, faça a segunda adição de East Kent Goldings.

7. Faltando 5 minutos, adicione a pastilha de Whirlfloc.

8. Despeje três quartos da água resfriada no fermentador, depois transfira o mosto quente. Adicione a água resfriada restante em quantidade necessária para atingir o volume de 21 litros.

9. Quando o mosto esfriar até 18 °C a 21 °C, inocule a levedura. Sele o fermentador e agite-o para aerar; deixe por 10 a 14 dias, até completar a fermentação.

10. Antes de engarrafar, prepare o *priming* e o adicione à cerveja fermentada (ver pp. 70-72) ou coloque uma bala de carbonatação em cada garrafa. Continue com o engarrafamento e o condicionamento (ver pp. 67-77).

RUSSIAN IMPERIAL STOUT

ESTILO: IMPERIAL STOUT
TAMANHO DO LOTE: 19 LITROS
ÁGUA DA FERVURA: 9,5 LITROS NO INÍCIO
DENSIDADE ORIGINAL: 1,096
DENSIDADE FINAL: 1,018
ABV DESEJADO: 10,3%
IBUs: 68
COR: 53 SRM

- 453 g de malte caramel/crystal 40 °L
- 227 g de malte black patent 500 °L
- 227 g de malte brown 65 °L
- 227 g de malte caramel/crystal 120 °L
- 453 g de cevada torrada 550 °L
- 9,5 litros de água
- 2,2 kg de DME pale ale
- 1,8 kg de DME golden
- 42 g de lúpulo Warrior 15% AA por 60 minutos
- 28 g de lúpulo Glacier 5,5% AA por 15 minutos
- 453 g de açúcar mascavo claro (adicione 10 minutos antes do fim da fervura)
- 1 pastilha de Whirlfloc (adicione 5 minutos antes do fim da fervura)
- 28 g de lúpulo Glacier 5,5% AA no fim da fervura
- 15 litros de água resfriada (refrigere na véspera)
- 3 frascos (de 35 ml cada um) de levedura líquida White Labs WLP090 San Diego Super

Se pensar em stout, lembrará logo da produzida pela Guinness. Se pesquisar o panorama das stouts que estão sendo produzidas na cena artesanal nos Estados Unidos, vai encontrar muitas do estilo imperial stout, encorpadas e ousadas, transbordando malte tostado, e você pode tranquilamente deixá-las envelhecer na sua adega de cervejas. É um estilo que às vezes requer algum tempo para fermentar e se desenvolver completamente, portanto exige paciência.

1. Se não tiver solicitado a moagem dos cereais na loja, faça isso com o moinho portátil ou com o procedimento explicado na p. 51. Ponha os grãos moídos no *grain bag* de musselina.

2. Adicione os 9,5 litros de água ao caldeirão. Ponha o *grain bag* no caldeirão, suspendendo-o para que não encoste no fundo. Pode amarrar o *grain bag* à alça do caldeirão se ele for suficientemente longo. Se não contar com uma alça, use um pregador grande para prendê-lo à lateral do caldeirão. Ponha a água no fogo. Retire o *grain bag* antes da fervura, preferivelmente por volta de 74 °C.

3. Quando a água atingir 49 °C, tire o caldeirão do fogo e adicione o DME pouco a pouco, mexendo sempre para não empelotar. Recoloque o caldeirão no fogo.

4. Quando a água começar a ferver, faça a primeira adição de lúpulo e programe o *timer* para 60 minutos. Regule a chama para manter a fervura enquanto controla a espuma.

5. Faltando 15 minutos, faça a segunda adição de lúpulo.

6. Faltando 10 minutos, retire o caldeirão do fogo, adicione o açúcar mascavo, mexendo até dissolvê-lo, para que não queime. Recoloque no fogo.

7. Faltando 5 minutos, adicione a pastilha de Whirlfloc.

8. Quando o *timer* desligar, faça a última adição de lúpulo e tire o caldeirão do fogo.

9. Despeje três quartos da água resfriada no fermentador, depois transfira o mosto quente. Adicione a água resfriada restante em quantidade necessária para atingir um volume de 21 litros.

continua >>

RUSSIAN IMPERIAL STOUT Continua

10. Quando o mosto esfriar até 18 °C a 21 °C, inocule a levedura. Sele o fermentador e agite-o para aerar; deixe por 10 a 14 dias, até completar a fermentação. Uma cerveja tão intensa leva tempo para fermentar completamente, tenha paciência.

11. Antes de engarrafar, prepare o *priming* e o adicione à cerveja fermentada (ver pp. 70-72) ou coloque uma bala de carbonatação em cada garrafa. Continue com o engarrafamento e o condicionamento (ver pp. 67-77).

> **DICA:** Essa cerveja é tão intensa que são necessários três frascos de levedura. Outra opção é reusar o *trub* (a "lama" de sedimentos que resta no fundo do balde fermentador) de levedura da cerveja anterior. Você pode produzir primeiro uma cerveja medianamente forte. Depois, em vez de descartar o *trub*, pode guardá-lo, refrigerado, e na próxima Russian imperial stout, deve espalhar esse conteúdo no fermentador, antes de transferir o mosto quente do caldeirão de brassagem. Lembre-se de adicionar a água gelada primeiro, antes do mosto; isso vai evitar que a levedura morra com a adição do líquido quente.

IRISH STOUT

ESTILO: IRISH STOUT

TAMANHO DO LOTE: 19 LITROS

ÁGUA DA FERVURA: 9,5 LITROS NO INÍCIO

DENSIDADE ORIGINAL: 1,042

DENSIDADE FINAL: 1,010

ABV DESEJADO: 4,2%

IBUs: 30

COR: 36 SRM

- 453 g de cevada torrada 55004
- 453 g de flocos de cevada 1.500
- 453 g de malte pale ale 3 °L
- 9,5 litros de água
- 453 g de DME golden
- 1,5 kg de LME Maris Otter
- 42 g de lúpulo East Kent Goldings 5,2% AA por 60 minutos
- 1 pastilha de Whirlfloc (adicione 5 minutos antes do fim da fervura)
- 15 litros de água resfriada (refrigere na véspera)
- 35 ml de levedura líquida White Labs WLP004 Irish Ale

Dizem que a Irish stout é para o cervejeiro o mesmo que o molho branco clássico é para o *chef*: todos os cervejeiros caseiros deveriam ser capazes de fazer uma. Sua receita não poderia ser mais simples, no entanto ela entrega algo tão mágico que desperta nossa vontade de bebê-la. Ela também é chamada de Irish stout seca pela ausência de malte caramel/crystal e um final cheio atenuado. A Irish stout não deve pesar jamais. Apesar da cor, é uma cerveja bem leve.

1. Faça uma minibrassagem para a cevada. Misture a cevada torrada e os flocos em um *grain bag* de musselina. Aqueça 9,5 litros de água a 65 °C e adicione o *grain bag*. Mantenha a água nessa temperatura por 30 minutos, regulando a chama conforme a necessidade.

2. Quando acabar a minibrassagem, desligue o fogo e coloque o *grain bag* em um escorredor sobre o caldeirão. Deixe-o lá até acabar de escorrer.

3. Um pouco de água se perde na minibrassagem. Complete o volume no caldeirão até atingir 9,5 litros. Comece levando o mosto à fervura sem tampa.

4. Quando a água atingir 49 °C, tire o caldeirão do fogo e adicione o DME pouco a pouco, mexendo sempre para não empelotar. Recoloque o caldeirão no fogo.

5. Quando a água estiver prestes a ferver, tire o caldeirão do fogo e adicione o LME, mexendo enquanto o despeja. Depois de misturar bem, recoloque o caldeirão no fogo.

6. Quando a água começar a ferver, adicione o lúpulo e programe o *timer* para 60 minutos. Regule a chama para manter a fervura enquanto controla a espuma.

7. Faltando 5 minutos, adicione a pastilha de Whirlfloc.

8. Despeje três quartos da água resfriada no fermentador, depois transfira o mosto quente. Adicione a água resfriada restante em quantidade necessária para atingir o volume de 21 litros.

9. Quando o mosto esfriar até 18 °C a 21 °C, inocule a levedura. Sele o fermentador e agite-o para aerar; deixe por 10 a 14 dias, até completar a fermentação.

10. Antes de engarrafar, prepare o *priming* e o adicione à cerveja fermentada (ver pp. 70-72) ou coloque uma bala de carbonatação em cada garrafa. Continue com o engarrafamento e o condicionamento (ver pp. 67-77).

PRODUÇÃO E RECEITAS COM EXTRATOS

IRISH RED ALE

ESTILO: IRISH RED
TAMANHO DO LOTE: 19 LITROS
ÁGUA DA FERVURA: 9,5 LITROS NO INÍCIO
DENSIDADE ORIGINAL: 1,047
DENSIDADE FINAL: 1,011
ABV DESEJADO: 4,7%
IBUs: 28
COR: 15 SRM

- 453 g de malte Carared 20 °L
- 170 g de cevada torrada 300 °L
- 9,5 litros de água
- 3 kg de LME Maris Otter
- 42 g de lúpulo East Kent Goldings 5,2% AA por 60 minutos
- 1 pastilha de Whirlfloc (adicione 5 minutos antes do fim da fervura)
- 15 litros de água resfriada (refrigere na véspera)
- 35 ml de levedura líquida White Labs WLP004 Irish Ale

A Irish red ale é simples e satisfaz. Tem algo que as pessoas realmente apreciam nos sabores leves, mas com nuances âmbar e vermelhas. O caráter do malte predomina; o sabor da cerveja é ligeiramente tostado, mas seco.

1. Se não tiver solicitado a moagem dos cereais na loja, faça isso com o moinho portátil ou com o procedimento explicado na p. 51. Ponha os grãos moídos no *grain bag* de musselina.

2. Adicione os 9,5 litros de água ao caldeirão. Ponha o *grain bag* no caldeirão, suspendendo-o para que não encoste no fundo. Pode amarrar o *grain bag* à alça do caldeirão se ele for suficientemente longo. Se não contar com uma alça, use um pregador grande para prendê-lo à lateral do caldeirão. Ponha a água no fogo. Retire o *grain bag* antes da fervura, preferivelmente por volta de 74 °C.

3. Quando a água estiver prestes a ferver, tire o caldeirão do fogo e adicione o LME, mexendo enquanto o despeja. Depois de misturar bem, recoloque o caldeirão no fogo.

4. Quando a água começar a ferver, adicione o lúpulo e programe o *timer* para 60 minutos. Regule a chama para manter a fervura enquanto controla a espuma.

5. Faltando 5 minutos, adicione a pastilha de Whirlfloc.

6. Despeje três quartos da água resfriada no fermentador, depois transfira o mosto quente. Adicione a água resfriada restante em quantidade necessária para atingir o volume de 21 litros.

7. Quando o mosto esfriar até 18 °C a 21 °C, inocule a levedura. Sele o fermentador e agite-o para aerar; deixe por 10 a 14 dias, até completar a fermentação.

8. Antes de engarrafar, prepare o *priming* e adicione à cerveja fermentada (ver pp. 70-72) ou coloque uma bala de carbonatação em cada garrafa. Continue com o engarrafamento e o condicionamento (ver pp. 67-77).

MUNICH DUNKEL

ESTILO: MUNICH DUNKEL
TAMANHO DO LOTE: 19 LITROS
ÁGUA DA FERVURA: 9,5 LITROS NO INÍCIO
DENSIDADE ORIGINAL: 1,055
DENSIDADE FINAL: 1,011
ABV DESEJADO: 5,8%
IBUs: 26
COR: 21 SRM

- 453 g de malte Munich II 8.505
- 227 g de malte Carafa Special II 420 °L
- 9,5 litros de água
- 2,7 kg de DME munich
- 42 g de lúpulo Hallertau 4,2% AA por 60 minutos
- 1 pastilha de Whirlfloc (adicione 5 minutos antes do fim da fervura)
- 15 litros de água resfriada (refrigere na véspera)
- 125 ml de levedura líquida Wyeast 2308 Munich Lager

Essa é uma lager alemã, de um estilo pouco comum, maltada, refrescante e fácil de beber, de tonalidade entre escura e âmbar. Essa não é apenas mais uma cerveja clara, por isso se quiser impressionar os amigos com uma lager, experimente fazer a Munich Dunkel.

1. Se não tiver solicitado a moagem dos cereais na loja, faça isso com o moinho portátil ou com o procedimento explicado na p. 51. Ponha os grãos moídos no *grain bag* de musselina.

2. Adicione os 9,5 litros de água ao caldeirão. Ponha o *grain bag* no caldeirão, suspendendo-o para que não encoste no fundo. Pode amarrar o *grain bag* à alça do caldeirão se ele for suficientemente longo. Se não contar com uma alça, use um pregador grande para prendê-lo à lateral do caldeirão. Ponha a água no fogo. Retire o *grain bag* antes da fervura, preferivelmente por volta de 74 °C.

3. Quando a água atingir 49 °C, tire o caldeirão do fogo e adicione o DME pouco a pouco, mexendo sempre para não empelotar. Recoloque o caldeirão no fogo.

4. Quando a água começar a ferver, adicione o lúpulo e programe o *timer* para 60 minutos. Regule a chama para manter a fervura enquanto controla a espuma.

5. Faltando 5 minutos, adicione a pastilha de Whirlfloc.

6. Quando o *timer* desligar, tire o caldeirão do fogo.

7. Despeje três quartos da água resfriada no fermentador, depois transfira o mosto quente. Adicione a água resfriada restante em quantidade necessária para atingir o volume de 21 litros.

8. Quando o mosto esfriar até 10 °C a 13 °C, inocule a levedura. Sele o fermentador e agite-o para aerar; deixe por 10 a 14 dias, até completar a fermentação. Por causa da levedura lager, mantenha a fermentação entre 10 °C a 13 °C durante esse período.

continua >>

MUNICH DUNKEL Continua

9. Antes de engarrafar, prepare o *priming* e o adicione à cerveja fermentada (ver pp. 70-72) ou coloque uma bala de carbonatação em cada garrafa. Continue com o engarrafamento e o condicionamento (ver pp. 67-77).

> **DICA:** Produzimos nossas lagers do fim do outono até o começo da primavera, quando contamos com a despensa ou o porão com temperatura mais baixa para a fermentação mais fria. Verifique a faixa de temperatura da cepa de levedura que comprar. Se o seu ambiente permanecer frio durante o dia (por volta de 10 °C), a cerveja vai fermentar de acordo com a orientação. Depois de engarrafada e carbonatada, a lager se beneficiará com armazenamento em local frio. Deixe a cerveja carbonatada na temperatura normal da geladeira por mais duas semanas. O armazenamento mais longo deixará a cerveja límpida e com aquele sabor refrescante próprio das lagers. Não deixe de verificar se a cerveja carbonatou antes de armazená-la na geladeira, ou a levedura pode não carbonatar suficientemente.

KÖLSCH

ESTILO: KÖLSCH
TAMANHO DO LOTE: 19 LITROS
ÁGUA DA FERVURA: 9,5 LITROS NO INÍCIO
DENSIDADE ORIGINAL: 1,048
DENSIDADE FINAL: 1,010
ABV DESEJADO: 5,0%
IBUs: 22
COR: 3,7 SRM

- 9,5 litros de água
- 2 kg de DME pilsner
- 680 g de DME munich
- 42 g de lúpulo Hallertau 4,2% AA por 60 minutos
- 1 pastilha de Whirlfloc (adicione 5 minutos antes do fim da fervura)
- 15 litros de água resfriada (refrigere na véspera)
- 125 ml de levedura líquida Wyeast 1007 German Ale

Se não estiver pronto para fazer uma lager, deve tentar uma Kölsch. É um estilo baseado nas ales, só que a levedura para a Kölsch funciona muito bem no lado mais frio da faixa de fermentação da ale. Portanto, se não tiver uma despensa ou porão frio nem pretender investir em equipamento de controle de temperatura, procure fazê-la nos meses mais frios.

1. Adicione os 9,5 litros de água ao caldeirão e leve ao fogo.
2. Quando a água atingir 49 °C, tire o caldeirão do fogo e adicione o DME pouco a pouco, mexendo sempre para não empelotar. Recoloque o caldeirão no fogo.
3. Quando a água começar a ferver, adicione o lúpulo e programe o *timer* para 60 minutos. Regule a chama para manter a fervura enquanto controla a espuma.
4. Faltando 5 minutos, adicione a pastilha de Whirlfloc.
5. Despeje três quartos da água resfriada no fermentador, depois transfira o mosto quente. Adicione a água resfriada restante em quantidade necessária para atingir o volume de 21 litros.
6. Quando o mosto esfriar até 13 °C a 18 °C, inocule a levedura. Sele o fermentador e agite-o para aerar; deixe por 10 a 14 dias, até completar a fermentação.
7. Antes de engarrafar, prepare o *priming* e o adicione à cerveja fermentada (ver pp. 70-72) ou coloque uma bala de carbonatação em cada garrafa. Continue com o engarrafamento e o condicionamento (ver pp. 67-77).

DICA: Apesar de produzida em temperaturas de ale, a Kölsch pode ainda se beneficiar do condicionamento em ambiente frio depois que a carbonatação terminar. Armazene as garrafas na geladeira por mais duas semanas para ajudar a criar a natureza refrescante desse estilo. Verifique se a cerveja está carbonatada antes de armazená-la no gelo. Caso contrário, a levedura pode não carbonatar a cerveja suficientemente.

OATMEAL STOUT

ESTILO: OATMEAL STOUT
TAMANHO DO LOTE: 19 LITROS
ÁGUA DA FERVURA: 9,5 LITROS NO INÍCIO
DENSIDADE ORIGINAL: 1,062
DENSIDADE FINAL: 1,012
ABV DESEJADO: 6,5%
IBUs: 37
COR: 36 SRM

- 900 g de aveia em flocos
- 227 g de cevada torrada 52506
- 900 g de malte pale ale 3 °L
- 453 g de malte pale chocolate 220 °L
- 340 g de malte caramel/crystal 80 °L
- 9,5 litros de água
- 900 g de DME pale ale
- 900 g de DME munich
- 28 g de lúpulo Challenger 7,2% AA por 60 minutos
- 28 g de lúpulo East Kent Goldings 4,2% AA por 10 minutos
- 1 pastilha de Whirlfloc (adicione 5 minutos antes do fim da fervura)
- 15 litros de água resfriada (refrigere na véspera)
- 125 ml de levedura líquida Wyeast 2308 Munich Lager

Adicionar aveia à stout cria uma sensação sedosa na boca. A suavidade do contato realça a riqueza dos maltes torrados. A oatmeal stout é um estilo inglês clássico que muitos cervejeiros se esforçam para acertar. A aveia tem muito amido, por isso essa receita emprega uma minibrassagem durante a infusão do grão para converter o amido da aveia em açúcar enquanto libera seu aveludado mágico. A versão clássica dessa cerveja é da Samuel Smith. A Founders é uma versão americana deste estilo.

1. Faça uma minibrassagem para a aveia e a cevada. Misture-as com o malte em um *grain bag* de musselina. Aqueça 9,5 litros de água a 65 °C e adicione o *grain bag*. Mantenha a água nessa temperatura por 30 minutos, regulando a chama conforme a necessidade.

2. Quando acabar a minibrassagem, desligue o fogo e coloque o *grain bag* em um escorredor sobre o caldeirão. Deixe-o lá até acabar de escorrer.

3. Um pouco de água se perde na minibrassagem. Complete o volume no caldeirão até atingir 9,5 litros. Comece levando o mosto à fervura sem tampa.

4. Quando a água atingir 49 °C, tire o caldeirão do fogo e adicione o DME pouco a pouco, mexendo sempre para não empelotar. Recoloque o caldeirão no fogo.

5. Quando a água começar a ferver, faça a primeira adição de lúpulo e programe o *timer* para 60 minutos. Regule a chama para manter a fervura enquanto controla a espuma.

6. Faltando 10 minutos, faça a segunda adição de lúpulo.

7. Faltando 5 minutos, adicione a pastilha de Whirlfloc.

8. Despeje três quartos da água resfriada no fermentador, depois transfira o mosto quente. Adicione a água resfriada restante em quantidade necessária para atingir o volume de 21 litros.

9. Quando o mosto esfriar até 18 °C a 21 °C, inocule a levedura. Sele o fermentador e agite-o para aerar; deixe por 10 a 14 dias, até completar a fermentação.

10. Antes de engarrafar, prepare o *priming* e o adicione à cerveja fermentada (ver pp. 70-72) ou coloque uma bala de carbonatação em cada garrafa. Continue com o engarrafamento e o condicionamento (ver pp. 67-77).

ENGLISH ORDINARY BITTER

ESTILO: BITTER
TAMANHO DO LOTE: 19 LITROS
ÁGUA DA FERVURA: 9,5 LITROS NO INÍCIO
DENSIDADE ORIGINAL: 1,037
DENSIDADE FINAL: 1,010
ABV DESEJADO: 3,5%
IBUs: 37
COR: 11 SRM

- 227 g de malte caramel/crystal 60 °L
- 227 g de malte caramel/crystal 120 °L
- 9,5 litros de água
- 680 g de DME golden
- 1,5 kg de LME Maris Otter
- 28 g de lúpulo East Kent Goldings 4,8% AA por 60 minutos
- 28 g de lúpulo East Kent Goldings 4,8% AA por 20 minutos
- 28 g de lúpulo East Kent Goldings 4,8% AA por 5 minutos
- 1 pastilha de Whirlfloc (adicione 5 minutos antes do fim da fervura)
- 15 litros de água resfriada (refrigere na véspera)
- 35 ml de levedura líquida White Labs WLP002 English Ale

Não se engane com o nome: essa cerveja não é amarga nem ordinária; é uma inglesa clássica de *pub*, para ser saboreada em roda de amigos. Apesar do baixo teor alcoólico, entrega um equilíbrio entre malte e lúpulo em uma bebida que é excepcional, nada comum. Experimente esse estilo e se apaixone por ele.

1. Se não tiver solicitado a moagem dos cereais na loja, faça isso com o moinho portátil ou com o procedimento explicado na p. 51. Ponha os grãos moídos no *grain bag* de musselina.

2. Adicione os 9,5 litros de água ao caldeirão. Ponha o *grain bag* no caldeirão, suspendendo-o para que não encoste no fundo. Pode amarrar o *grain bag* à alça do caldeirão se ele for suficientemente longo. Se não contar com uma alça, use um pregador grande para prendê-lo à lateral do caldeirão. Ponha a água no fogo. Retire o *grain bag* antes da fervura, preferivelmente por volta de 74 °C.

3. Quando a água atingir 49 °C, tire o caldeirão do fogo e adicione o DME pouco a pouco, mexendo sempre para não empelotar. Recoloque o caldeirão no fogo.

4. Quando a água estiver prestes a ferver, tire o caldeirão do fogo e adicione o LME, mexendo enquanto o despeja. Depois de misturar bem, recoloque o caldeirão no fogo.

5. Quando a água começar a ferver, faça a primeira adição de East Kent Goldings e programe o *timer* para 60 minutos. Regule a chama para manter a fervura enquanto controla a espuma.

6. Faltando 20 minutos, faça a segunda adição de East Kent Goldings.

7. Faltando 5 minutos, faça a última adição de East Kent Goldings com a pastilha de Whirlfloc.

8. Despeje três quartos da água resfriada no fermentador, depois transfira o mosto quente. Adicione a água resfriada restante em quantidade necessária para atingir o volume de 21 litros.

9. Quando o mosto esfriar até 18 °C a 21 °C, inocule a levedura. Sele o fermentador e agite-o para aerar; deixe por 10 a 14 dias, até completar a fermentação.

10. Antes de engarrafar, prepare o *priming* e o adicione à cerveja fermentada (ver pp. 70-72) ou coloque uma pastilha de carbonatação em cada garrafa. Continue com o engarrafamento e o condicionamento (ver pp. 67-77).

BELGIAN SAISON

ESTILO: SAISON
TAMANHO DO LOTE: 19 LITROS
ÁGUA DA FERVURA: 9,5 LITROS NO INÍCIO
DENSIDADE ORIGINAL: 1,065
DENSIDADE FINAL: 1,012
ABV DESEJADO: 6,9%
IBUs: 27
COR: 3,4 SRM

- 900 g de malte de trigo torrado 1,5 °L
- 453 g de aveia em flocos 1 °L
- 900 g de malte pilsner 2 °L
- 9,5 litros de água
- 2,2 kg de DME pilsner
- 28 g de lúpulo Styrian Goldings 4,8% AA por 60 minutos
- 1 pastilha de Whirlfloc (adicione 5 minutos antes do fim da fervura)
- 15 litros de água resfriada (refrigere na véspera)
- 11 g de levedura seca Lallemand Belle Saison

DICA: Deixar essa cerveja em temperatura acima da temperatura ambiente não vai prejudicá-la. Espere um desempenho melhor com uma gradação próxima a 26 °C.

A saison muitas vezes exibe aromas de ésteres de fruta e notas sutis de pimenta-preta no paladar. Se a fermentação ficar mais devagar no meio do caminho (como a levedura saison costuma fazer), não tenha medo de deixar a temperatura subir 10-15 graus acima da faixa recomendada. Essa levedura faz seu melhor trabalho no fim da fermentação. O exemplo clássico desse estilo é da Brasserie Dupont. Uma ótima versão americana é a Tank 7 da Boulevard Brewing.

1. Faça uma minibrassagem para o malte de trigo torrado, a aveia e a cevada. Misture-os com o malte pilsner em um *grain bag* de musselina. Aqueça a água até 65 °C e acomode o *grain bag* no caldeirão. Mantenha a água nessa temperatura por 30 minutos, regule a chama sob o caldeirão de acordo com a necessidade.

2. Quando acabar a minibrassagem, desligue o fogo e coloque o *grain bag* em um escorredor sobre o caldeirão. Deixe-o lá até terminar de escorrer.

3. Um pouco de água se perde na minibrassagem. Complete o volume no caldeirão até atingir 9,5 litros. Comece levando o mosto à fervura sem tampa.

4. Quando a água atingir 49 °C, tire o caldeirão do fogo e adicione o DME pouco a pouco, mexendo sempre para não empelotar. Recoloque o caldeirão no fogo.

5. Quando a água começar a ferver, adicione o lúpulo e programe o *timer* para 60 minutos. Regule a chama para manter a fervura enquanto controla a espuma.

6. Faltando 5 minutos, adicione o Whirlfloc.

7. Despeje três quartos da água resfriada no fermentador, depois transfira o mosto quente. Adicione a água resfriada restante em quantidade necessária para atingir o volume de 21 litros.

8. Quando o mosto esfriar até 18 °C a 21 °C, inocule a levedura. Sele o fermentador e agite-o para aerar; deixe por 10 a 14 dias, até completar a fermentação.

9. Antes de engarrafar, prepare o *priming* e o adicione à cerveja fermentada (ver pp. 70-72) ou coloque uma bala de carbonatação em cada garrafa. Continue com o engarrafamento e o condicionamento (ver pp. 67-77).

ENGLISH STRONG BITTER

ESTILO: ENGLISH STRONG BITTER
TAMANHO DO LOTE: 19 LITROS
ÁGUA DA FERVURA: 9,5 LITROS NO INÍCIO
DENSIDADE ORIGINAL: 1,055
DENSIDADE FINAL: 1,012
ABV DESEJADO: 5,6%
IBUs: 42
COR: 11 SRM

- 453 g de malte biscuit 25 °L
- 453 g de malte caramel/crystal 60 °L
- 9,5 litros de água
- 1,6 kg de DME golden
- 1,6 kg de DME pale ale
- 56 g de lúpulo East Kent Goldings 4,8% AA por 60 minutos
- 28 g de lúpulo East Kent Goldings 4,8% AA por 20 minutos
- 28 g de lúpulo East Kent Goldings 4,8% AA por 5 minutos
- 1 pastilha de Whirlfloc (adicione 5 minutos antes do fim da fervura)
- 15 litros de água resfriada (refrigere na véspera)
- 35 ml de levedura líquida White Labs WLP002 English Ale

Se gostou da receita da English ordinary bitter, vai gostar dessa cerveja, também conhecida por "ESB" (extra special bitter). Ela exibe mais característica de malte e de mais sabores. Também carrega um pouco mais de álcool do que sua prima, a ordinary bitter, mas não tanto que o faça recusar algumas rodadas. Para o exemplo definitivo desse estilo, basta procurar a Fuller's ESB.

1. Se não tiver solicitado a moagem dos cereais na loja, faça isso com o moinho portátil ou com o procedimento explicado na p. 51. Ponha os grãos moídos no *grain bag* de musselina.

2. Adicione os 9,5 litros de água ao caldeirão. Ponha o *grain bag* no caldeirão, suspendendo-o para que não encoste no fundo. Pode amarrar o *grain bag* à alça do caldeirão se ele for suficientemente longo. Se não contar com uma alça, use um pregador grande para prendê-lo à lateral do caldeirão. Ponha a água no fogo. Retire o *grain bag* antes da fervura, preferivelmente por volta de 74 °C.

3. Quando a água atingir 49 °C, tire o caldeirão do fogo e adicione o DME pouco a pouco, mexendo sempre para não empelotar. Recoloque o caldeirão no fogo.

4. Quando a água começar a ferver, faça a primeira adição de East Kent Goldings e programe o *timer* para 60 minutos. Regule a chama para manter a fervura enquanto controla a espuma.

5. Faltando 20 minutos, faça a segunda adição de East Kent Goldings.

6. Faltando 5 minutos, faça a última adição de East Kent Goldings e jogue a pastilha de Whirlfloc.

7. Despeje três quartos da água resfriada no fermentador, depois transfira o mosto quente. Adicione a água resfriada restante em quantidade necessária para atingir o volume de 21 litros.

8. Quando o mosto esfriar até 18 °C a 21 °C, inocule a levedura. Sele o fermentador e agite-o para aerar; deixe por 10 a 14 dias, até completar a fermentação.

MILK STOUT/SWEET STOUT

ESTILO: MILK STOUT
TAMANHO DO LOTE: 19 LITROS
ÁGUA DA FERVURA: 9,5 LITROS NO INÍCIO
DENSIDADE ORIGINAL: 1,052
DENSIDADE FINAL: 1,009
ABV DESEJADO: 5,6%
IBUs: 28
COR: 39 SRM

- 340 g de malte caramel/crystal 80 °L
- 227 g de malte chocolate 350 °L
- 113 g de malte black patent 500 °L
- 227 g de cevada torrada 500 °L
- 9,5 litros de água
- 2 kg de DME pale ale
- 42 g de lúpulo East Kent Goldings 4,8% AA por 60 minutos
- 453 g de lactose (adicione 10 minutos antes do fim da fervura)
- 1 pastilha de Whirlfloc (adicione 5 minutos antes do fim da fervura)
- 15 litros de água resfriada (refrigere na véspera)
- 35 ml de levedura líquida White Labs WLP002 English Ale

Esse estilo de stout é conhecido pela alta dose de lactose, o açúcar não fermentável encontrado no leite, acrescentada à fervura. A lactose não é muito doce mas reforça a doçura natural dos maltes, criando uma textura sedosa. Nós achamos que as milk stouts realçam o caráter de chocolate dos maltes torrados. Se alguém tiver problemas digestivos com a lactose, não deve beber essa cerveja. A cerveja artesanal mais bem cotada desse estilo é a da Left Hand Brewing.

1. Se não tiver solicitado a moagem dos cereais na loja, faça isso com o moinho portátil ou com o procedimento explicado na p. 51. Ponha os grãos moídos no *grain bag* de musselina.

2. Adicione os 9,5 litros de água ao caldeirão. Ponha o *grain bag* no caldeirão, suspendendo-o para que não encoste no fundo. Pode amarrar o *grain bag* à alça do caldeirão se ele for suficientemente longo. Se não contar com uma alça, use um pregador grande para prendê-lo à lateral do caldeirão. Comece a aquecer a água. Retire o *grain bag* antes da fervura, preferivelmente por volta de 74 °C.

3. Quando a água atingir 49 °C, tire o caldeirão do fogo e adicione o DME pouco a pouco, mexendo sempre para não empelotar. Recoloque o caldeirão no fogo.

4. Quando a água começar a ferver, adicione o lúpulo e programe o *timer* para 60 minutos. Regule a chama para manter a fervura enquanto controla a espuma.

5. Faltando 10 minutos, tire o caldeirão do fogo, adicione a lactose, mexendo até ela dissolver para não queimar. Recoloque o caldeirão no fogo.

6. Faltando 5 minutos, adicione a pastilha de Whirlfloc.

7. Despeje três quartos da água resfriada no fermentador, depois transfira o mosto quente. Adicione a água resfriada restante em quantidade necessária para atingir o volume de 21 litros.

8. Quando o mosto esfriar até 18 °C a 21 °C, inocule a levedura. Sele o fermentador e agite-o para aerar; deixe por 10 a 14 dias, até completar a fermentação.

9. Antes de engarrafar, prepare o *priming* e o adicione à cerveja fermentada (ver pp. 70-72) ou coloque uma bala de carbonatação em cada garrafa. Continue com o engarrafamento e o condicionamento (ver pp. 67-77)

HEFEWEIZEN

ESTILO: HEFEWEIZEN
TAMANHO DO LOTE: 19 LITROS
ÁGUA DA FERVURA: 9,5 LITROS NO INÍCIO
DENSIDADE ORIGINAL: 1,045
DENSIDADE FINAL: 1,010
ABV DESEJADO: 4,6%
IBUs: 18
COR: 4,4 SRM

- 9,5 litros de água
- 3 kg de LME de trigo
- 28 g de lúpulo Hallertau 5% AA por 60 minutos
- 1 pastilha de Whirlfloc (adicione 5 minutos antes do fim da fervura)
- 15 litros de água resfriada (refrigere na véspera)
- 35 ml de levedura líquida White Labs WLP300 Hefeweizen Ale

Misture uma parte de malte de trigo com uma parte de malte de cevada, acrescente uma levedura expressiva, e terá uma Hefeweizen alemã. A composição do extrato de malte de trigo já é 50% de malte de trigo e 50% de malte de cevada, na maioria das vezes, então qualquer variação não vai arruinar o resultado. O aspecto singular dessa cerveja vem da levedura. Ela pode imprimir sabor de cravo, chiclete e banana. É possível regular esses sabores com a temperatura da fermentação. Mais elevada, favorece os ésteres de banana e chiclete, e a mais baixa, o caráter fenólico de cravo. Weihenstephaner Hefeweissbier é um exemplo clássico desse estilo.

1. Adicione os 9,5 litros de água ao caldeirão e leve ao fogo.
2. Quando a água estiver prestes a ferver, tire o caldeirão do fogo e adicione o LME, mexendo enquanto o despeja. Depois de misturar bem, recoloque o caldeirão no fogo.
3. Quando a água começar a ferver, adicione o lúpulo e programe o *timer* para 60 minutos. Regule a chama para manter a fervura enquanto controla a espuma.
4. Faltando 5 minutos, adicione a pastilha de Whirlfloc.
5. Despeje três quartos da água resfriada no fermentador, depois transfira o mosto quente. Adicione a água resfriada restante em quantidade necessária para atingir o volume de 21 litros.
6. Quando o mosto esfriar até 18 °C a 21 °C, inocule a levedura. Sele o fermentador e agite-o para aerar; deixe por 10 a 14 dias, até completar a fermentação.
7. Antes de engarrafar, prepare o *priming* e o adicione à cerveja fermentada (ver pp. 70-72) ou coloque uma bala de carbonatação em cada garrafa. Continue com o engarrafamento e o condicionamento (ver pp. 67-77).

INSTRUÇÕES ESPECIAIS: O LME de trigo geralmente é feito com proporções iguais de trigo e malte pilsner. Essa é uma cerveja de fermentação rápida, mas ainda precisa de tempo para completá-la. Não tente apressá-la. Mesmo que a fermentação pareça ter sido finalizada cedo, deixe-a assentar no fermentador durante os 10 a 14 dias, como indicado nas instruções.

WITBIER

ESTILO: WITBIER
TAMANHO DO LOTE: 19 LITROS
ÁGUA DA FERVURA: 9,5 LITROS NO INÍCIO
DENSIDADE ORIGINAL: 1,046
DENSIDADE FINAL: 1,009
ABV DESEJADO: 4,8%
IBUs: 22
COR: 3,2 SRM

- 453 g de aveia em flocos 1 °L
- 453 g de malte pilsner 2 °L
- 9,5 litros de água
- 2 kg de LME de trigo
- 28 g de lúpulo Tettnang 4,4% AA por 60 minutos
- 8,5 g de Saaz 4% AA por 60 minutos
- 8,5 g de Saaz 4% AA por 5 minutos
- 8,5 g de sementes de coentro moídas
- 8,5 g de casca de laranja desidratada ou raspas
- 8,5 g de grãos de pimenta-rosa moídos
- 1 pastilha de Whirlfloc (adicione 5 minutos antes do fim da fervura)
- 15 litros de água resfriada (refrigere na véspera)
- 35 ml de levedura líquida White Labs WLP400 Belgian Wit Ale

A tradução literal de Witbier é "cerveja branca". Essa é uma das nossas favoritas de longa data. Mais uma vez, tem uma mistura de trigo e malte pilsner como base. Nela, fazemos a minibrassagem de aveia com um pouco de malte pilsner. Os grãos e os lúpulos são bem óbvios, mas as adições de especiarias constituem a mágica do estilo. Usamos raspas de laranja, coentro e pimenta-rosa, especiarias facilmente encontradas. Essa receita seguiu o modelo da Allagash White, um exemplo perfeito desse estilo de cerveja de trigo.

1. Faça uma minibrassagem para os flocos de aveia. Misture os flocos e o malte no *grain bag* de musselina. Aqueça 9,5 litros de água a 65 °C e adicione o *grain bag*. Mantenha a água nessa temperatura por 30 minutos, regulando a chama conforme a necessidade.

2. Quando acabar a minibrassagem, desligue o fogo e coloque o *grain bag* em um escorredor sobre o caldeirão. Deixe-o lá até terminar de escorrer.

3. Um pouco de água se perde na minibrassagem. Complete o volume no caldeirão até atingir 9,5 litros. Comece levando o mosto à fervura sem tampa.

4. Quando a água estiver prestes a ferver, tire o caldeirão do fogo e adicione o LME, mexendo enquanto o despeja. Depois de misturar bem, recoloque o caldeirão no fogo.

5. Quando a água começar a ferver, adicione os lúpulos e programe o *timer* para 60 minutos. Regule a chama para manter a fervura enquanto controla a espuma.

6. Faltando 5 minutos, adicione o lúpulo restante, as especiarias e a pastilha de Whirlfloc.

7. Despeje três quartos da água resfriada no fermentador, depois transfira o mosto quente. Adicione a água resfriada restante em quantidade necessária para atingir o volume de 21 litros.

8. Quando o mosto esfriar até 18 °C a 21 °C, inocule a levedura. Sele o fermentador e agite-o para aerar; deixe por 10 a 14 dias, até completar a fermentação.

9. Antes de engarrafar, prepare o *priming* e o adicione à cerveja fermentada (ver pp. 70-72) ou coloque uma bala de carbonatação em cada garrafa. Continue com o engarrafamento e o condicionamento (ver pp. 67-77).

SUA CERVEJA PERSONALIZADA

Se trabalhar bastante com kits e estudar suficientemente as receitas de cervejas com extrato, você aprenderá muitas coisas. Começará a entender mais sobre os ingredientes, quais sabores e aromas eles conferem e como interagem. Com esse conhecimento, já é possível começar a explorar e experimentar por conta própria.

Os primeiros capítulos lhe deram a base sólida de que precisa e como seguir o processo para produzir a cerveja em casa. Este capítulo vai lhe fornecer instruções sobre como aplicar o que sabe para desenvolver sua própria produção caseira.

A CONSTRUÇÃO DA SUA CERVEJA

Não existe uma fórmula definitiva para conceber uma receita própria porque a cerveja, além de envolver ciência, exige que muita arte seja aplicada na produção. Para criar uma receita, é preciso assumir o papel de *chef*. O passo inicial é ter um objetivo em mente, escolher os ingredientes a partir dele e aplicar as técnicas apropriadas de produção para que tudo se junte. Esta seção é a nossa filosofia básica sobre como ir da ideia de um perfil de sabor até a cerveja pronta no copo.

Ao desenvolver uma receita do zero, é importante refinar sua visão e pensar na inspiração. Talvez queira produzir algo que combine com a mudança de estação. Algumas pessoas querem criar sua cerveja para comemorar uma ocasião especial, como o nascimento de uma criança, um casamento ou uma formatura. Frequentemente, um prato novo ou a experiência com um novo sabor inspira a peça central da cerveja. Outra grande inspiração é o desejo de produzir uma cerveja que experimentou durante uma viagem e que não é distribuída em sua região. Seja qual for a razão para tentar uma receita própria, enquadre sempre a inspiração nos descritores de sabor, como pão tostado, chocolate e/ou laranja.

Quando tiver uma inspiração, pense nela por um tempo. Experimente "provar" a ideia em sua mente. Talvez seja bom procurar alguns exemplos de cervejas comerciais que estejam próximas da que deseja produzir. Quem sabe encontre uma cerveja que usa aquele ingrediente especial em que está pensando. São todos ótimos pontos de partida, mas não deixe de pensar como a visão pode ser convertida em realidade usando os ingredientes certos. Pela nossa experiência, essa fase talvez seja a mais difícil do processo.

A seguir, alguns direcionamentos para transformar sua ideia em uma receita. Anote as ideias básicas que lhe ocorrerem para a sua cerveja.

- Sua meta é maltada ou lupulada?
- Deseja lúpulos de amargor ou mais aromáticos?
- A cor da cerveja deve ser clara ou escura? Ou algum ponto intermediário?
- O caráter do malte é refrescante ou ousado?
- É torrado ou tostado?
- O teor alcoólico deve ser baixo ou alto?
- Deseja uma session fácil de beber ou quer uma cerveja ousada para beber com os amigos?

O processo de planejar uma cerveja não acontece todo de uma só vez. Faça boas anotações e aceite que apenas vai conseguir o perfil tão sonhado depois de duas ou três tentativas. Por último, se desejar uma cerveja com um determinado caráter — digamos, malte tostado —, não entre em pânico. Exagere na quantidade desse ingrediente na primeira vez que usar a receita. Pode parecer estranho, mas descobrimos que é mais rápido, para as evoluções subsequentes da receita, ir além da meta e acertar o ponto para menos do que ir adicionando um ingrediente um pouco mais de cada vez até acertar. Você vai descobrir rapidamente se foi longe demais. Confie em seu paladar e seja paciente.

Caráter do malte

Se desejar uma cerveja amarelo-clara, fique longe de qualquer malte torrado e de muitos dos maltes caramel/crystal. Para começar, tente usar como base apenas um estilo de extrato de malte básico. Os extratos pilsner e pale ale são excelentes nesse sentido. Se desejar ser mais ousado ou carregar um pouco mais no malte, então o Munich ou o English pale ale são extratos ótimos para essa finalidade. Normalmente, tentamos escolher extratos bem claros sempre que possível, independentemente do quão escura a cerveja finalizada deva ser. Use maltes caramel/crystal, assim como os maltes tostados e torrados para obter outros perfis de sabor que desejar. Isso lhe dá mais controle na programação do processo do que usar extratos de tonalidades mais específicas.

Antes de comprar maltes especiais, vá a uma loja especializada e verifique se pode experimentar alguns grãos de cada vez. Compare o sabor do Crystal 60 °L com o do Caramel 80 °L. Se fizer algumas cervejas diferentes usando as receitas deste livro, é razoável mastigar de 5 a 10 grãos de maltes em diferentes receitas. É um ótimo ponto de partida aprender qual a contribuição de cada ingrediente. Pode descobrir que determinado tipo de malte não serve para você. Se sentir gosto ruim enquanto mastiga o grão inteiro, provavelmente não vai sentir-se animado depois de fazer a brassagem para a cerveja. Selecione um malte diferente em sua receita.

Uma última observação na escolha de diferentes maltes. Tente limitar a três ou quatro o número total de maltes especiais que realçam o sabor. Adicionar mais do que isso muda o caráter de cada um que está sendo usado. Você poderá suplementar a complexidade (ou reduzi-la) em produções futuras. Em maltes especiais/de caráter, muitas vezes menos é mais.

Caráter do lúpulo

Das receitas deste livro, você pode observar que cervejas amargas exigem mais lúpulos adicionados mais cedo à fervura, e cervejas mais aromáticas, mais para o fim da fervura, mesmo como *dry hopping* no fermentador. Os lúpulos adicionados em qualquer ponto entre o início e o fim serão uma mistura de sabor e aroma. Todo lúpulo, entretanto, reage ligeiramente diferente ao longo da fervura. Por isso é preciso testar quando adicioná-los. Use uma das receitas mais simples para fazer experimentos substituindo variedades de lúpulo a fim de aprender sobre suas diferenças.

Quando se trata de estruturar as adições de lúpulo, nosso conselho genérico é: quase sempre será necessário um toque de amargor para ajudar a equilibrar os perfis mais leves de malte. Quase sempre haverá algum tipo de adição de lúpulo de 60 minutos. Pode controlar o amargor usando menos de 30 gramas. Ou conseguir um amargor mais suave usando um lúpulo como o Magnum, que é famoso por seu sabor "limpo". A partir daí, pode adicionar lúpulos conhecidos por suas propriedades de sabor e aroma em momentos mais para o fim da fervura.

Alguns dos melhores perfis de lúpulo para cervejas americanas são os que se concentram em frutas cítricas (Citra e Amarillo) ou grapefruit e pinho (Cascade, Centennial e Simcoe). Determinados estilos clássicos de cerveja requerem variedades de lúpulo tradicionais. Muitas ales de inspiração inglesa podem usar apenas East Kent Goldings. Uma ótima lager europeia pede as características nobres de Hallertau, Tettnang ou Saaz. Finalmente, os sabores de frutas tropicais presentes nos lúpulos australianos como o Galaxy merecem ser explorados.

Caráter da fermentação

Muitas vezes subestimado, mas em geral extremamente importante ao programar uma receita de cerveja, é o impacto da levedura e da fermentação. Quando desejar que sua cerveja emule um estilo de determinada região do mundo, a ferramenta mais importante para isso é a escolha da levedura. Procure por uma cepa de levedura bem conhecida na região cervejeira em que se inspira. É impossível fazer uma Belgian dubbel excelente, por exemplo, sem usar uma levedura ale trapista ou de abadia de alta qualidade. Do mesmo modo, se estiver pretendendo fazer algo no estilo das ales de *pub* do Reino Unido, você tem uma longa lista de leveduras ales inglesas à disposição. Se a cerveja que está tentando criar a partir do seu paladar mental não tem muito caráter de levedura, então as cepas ales americanas têm se provado apropriadas para uma fermentação seca boa, que permite que o malte ou o lúpulo brilhem a partir dela.

Os fornecedores de leveduras modernas disponibilizam excelentes descritores das variedades. A recomendação seria para que pegasse uma porção de leveduras para usar em diferentes cervejas e se apegar a elas. A cada nova produção, você vai entender melhor como uma cepa de levedura reage à potência do seu mosto ou à temperatura da fermentação. Com essa informação, vai ter maior controle sobre o produto final. Tente conhecer uma ou duas cepas de uma região antes de tentar a terceira ou a quarta da lista.

Lembre-se de que a fermentação é o momento em que a cerveja é efetivamente feita. Investir seu tempo agora para experimentar e aprender é vital para todas as receitas que possa criar no futuro. Muitos cervejeiros artesanais profissionais usam cepas familiares para produzir todas as suas cervejas.

Ingredientes especiais

Às vezes, a cerveja que você tem em mente vai precisar de um ingrediente especial. Afinal, não é possível fazer uma porter com baunilha e coco sem baunilha e coco. O problema é decidir sob que forma e quanto. Embora existam extratos artificiais, às vezes é melhor extraí-lo dos ingredientes crus. Mas tome cuidado com o que entra no ingrediente que for usar, para evitar problemas na cerveja finalizada.

Tome como exemplo ingredientes ricos em amido, como grãos em flocos, batatas, cereais matinais e coco; eles podem contribuir para a turbidez da cerveja ou, nos piores casos, o amido serve como alimento para microrganismos como levedura selvagem e bactérias. Ao usar algo com esse carboidrato, faça uma minibrassagem ou brassagem parcial antes que ele entre no caldeirão para a fervura ou no fermentador. Ou talvez queira calcular a quantidade necessária do amido para obter o sabor, mas sem causar turbidez. Será uma aprendizagem por tentativa e erro.

Ingredientes que têm muito açúcar (frutas, mel, xaropes e cristais de açúcar) vão precisar de tempo para fermentar. Podem deixar a cerveja demasiadamente doce se não houver tempo extra para a levedura processar o açúcar desses ingredientes.

Alguns ingredientes contêm naturalmente tipos de óleos/gorduras (bacon, oleaginosas e pastas de oleaginosas). Gorduras e óleos terão impactos distintos na cerveja finalizada, entre eles quase certamente arruinar a retenção de colarinho da cerveja. Quando trabalhar com oleaginosas e óleos, não se surpreenda se a espuma abaixar no copo. Gorduras/óleos criam uma incômoda sensação escorregadia na boca quando usados em grande quantidade na cerveja, mas não devem ser evitados. Em vez disso, aprenda a melhor quantidade (comece com pouco) e saiba o que esperar quando os adiciona.

Ao usar ingredientes contendo gordurosos, não se esqueça disto: se for adicioná-los à fervura, óleos podem surgir na superfície. Tente retirá-los para reduzir um pouco da substância que vai para o fermentador e, depois, para a cerveja. Alguns desses ingredientes, como cacau em pó, vão assentar no caldeirão ou no fermentador como uma borra. Sempre que possível, procure por alternativas sem gordura. Muitos cervejeiros têm tido bons resultados com pasta de amendoim em pó sem gordura, por exemplo. Se quiser adicionar bacon à cerveja, é melhor extrair o máximo da gordura dele antes. Assá-lo em uma grelha sobre uma assadeira é um modo excelente de eliminar grande parte da gordura.

As especiarias podem ser acrescentadas à fervura ou dosadas mais tarde na garrafa. As adições na fervura sanitizam a especiaria, entretanto grande parte da característica do aroma se perde. É possível lidar com esse problema adicionando a especiaria bem no fim da fervura, antes do resfriamento. Muitos cervejeiros preparam previamente tinturas, uma espécie de extrato, colocando a especiaria elegida para dar sabor à cerveja em infusão na vodca. Se acrescentar a tintura ao balde de engarrafamento, alguns mililitros de cada vez, poderá provar a cerveja durante o processo. Assim que o nível do sabor parecer bom para você, finalize o engarrafamento. Outra opção é produzir a cerveja sem adição de especiarias e depois acrescentar a tintura gota a gota na garrafa. Observe o quanto é preciso adicionar para se adequar ao seu paladar, pois em um próxima vez poderá aplicar esse volume em escala para o lote inteiro.

Notas de degustação

A parte mais negligenciada ao conceber a própria cerveja é prová-la. Se tiver feito anotações ao longo do processo, deve relê-las antes de abrir a primeira garrafa. Quando a cerveja estiver pronta, deverá prová-la tendo em mente seus objetivos. Pode se perguntar:

- ★ Quanto a cerveja chegou perto do que pretendia?
- ★ A característica do malte destacou-se na cerveja como era esperado?
- ★ O sabor do ingrediente especial ficou muito pronunciado ou muito sutil?

Esteja preparado para lançar rapidamente algumas notas de degustação na folha da receita ou use a tabela de anotações de degustação que fornecemos neste capítulo (ver p. 166). Suas primeiras impressões serão as mais fortes. São decisivas para saber se deve calibrar para cima ou para baixo um componente fundamental. Quando a fermentação acabar, beba a cerveja com a receita diante de você. Avalie se cada ingrediente usado está desempenhando o papel pretendido na cerveja finalizada.

Reveja essas anotações e a folha original da receita algumas semanas depois conforme a cerveja for envelhecendo. Sentiu algum sabor diferente? Alguma coisa que o agradou na primeira semana desapareceu? Esses dados vão ajudá-lo a tomar decisões importantes tanto sobre o processo quanto em relação aos ingredientes. Não fique desanimado se a cerveja não estiver exatamente igual ao que esperava. Vai precisar produzi-la algumas vezes mais até chegar ao ponto. Faça boas anotações, e o processo ficará muito mais fácil.

Guia de estilos

Ao falar sobre cerveja, precisamos de uma terminologia que nos permita expressar determinadas características de uma cerveja sem precisarmos nos aprofundar sobre o que ela é. Por exemplo, se lhe apresentarmos uma amostra não identificada de cerveja, mas a chamarmos de saison, você já saberá, de algum modo, o que esperar: uma cerveja amarelo-clara, talvez ligeiramente turva. Poderá exibir algumas notas cítricas e picantes. Também pode esperar um leve final de fenol belga no sabor. Não espere que seja escura e torrada com notas de chocolate, que são descritores aplicáveis a stouts, porters ou brown ales. É aí que entra o guia de estilos.

O Beer Judge Certification Program (BJCP) é provavelmente a organização mais reconhecida a promover e manter uma lista atualizada de análises de estilo da cerveja moderna. Atualmente, a instituição classifica mais de trinta estilos. Fazem isso com mais frequência por região de origem ou área histórica de produção de cerveja. O guia de estilos do BJCP não só os nomeia, mas também descreve o que se espera em relação a cor, potência, sabor e aroma de cada um dos estilos reconhecidos. O guia tem duas funções básicas. Primeiro, nos dá um sistema vernacular e de classificação comum, de modo a descrever rapidamente uma cerveja com poucas palavras. Segundo, cria algumas expectativas para cada estilo de cerveja que podem ser usadas em concursos na comparação entre duas cervejas.

A American Homebrewers Association (AHA) é uma organização irmã da Brewers Association (BA). Ambas são organizações de comércio que apoiam e representam a indústria cervejeira em questões de legislação e educação genérica sobre cerveja para o público. A AHA e a BA têm seus próprios guias de estilos, muito semelhantes ao da BJCP, mas suas orientações são basicamente adequadas para os concursos de produção artesanal/comercial de cerveja e feiras comerciais. O objetivo final é fornecer uma linguagem compartilhada e um glossário à disposição de todos. No Brasil, temos organizações como a Associação Brasileira de Cerveja Artesanal (Abracerva), Associação Brasileira da Indústria da Cerveja (CervBrasil) e Associação dos Cervejeiros Artesanais Paulistas (ACervA Paulista).

Deve-se notar que os guias estão sempre mudando e evoluindo. Eles têm seu lugar na cultura da cerveja, mas também têm limitações. Basicamente, são uma tentativa de categorizar cervejas e estilos atuais e não nos prendem necessariamente à parte estilística. Produzir algo completamente diferente acontece o tempo todo. Algumas cervejas não se encaixam nos guias, e isso não é um problema. O ponto principal é incentivar os cervejeiros a aprender com as orientações e descritores que o BJCP e a AHA fornecem, mas esta seção serve também para você perceber que, mesmo se estiver fazendo uma receita que não se enquadra em um estilo determinado, ainda estará produzindo cerveja. Não se prenda demais aos guias e deixe a criatividade fluir.

Estilos de cerveja personalizados

Se estiver procurando inspiração para criar sua própria cerveja, o quadro abaixo pode ser usado como uma primeira abordagem. Ele apresenta os estilos clássicos, descrições de suas notas de sabor mais importantes e sugestões sobre quais são os ingredientes especiais que complementam a base da cerveja. Que este quadro seja um trampolim para criações próprias. À medida que ganhar mais experiência, conhecerá melhor suas preferências de sabor e quais ingredientes especiais combinam bem com o seu paladar.

ESTILO DE CERVEJA	DESCRIÇÃO	INGREDIENTES ESPECIAIS QUE FUNCIONAM BEM COM ELE
Blonde ale	Cerveja leve com lúpulo suave e sabores de malte.	Frutas, especialmente vermelhas, são ótimas adições a esse estilo. Strawberry Blonde Ale, de morango, é um exemplo.
American wheat beer	Estilo ligeiramente mais panificado do que as cervejas com base apenas na cevada. A cepa de levedura americana, não *funky*, mantém neutro o perfil do sabor final.	Fruta é o aditivo mais comum – tudo desde frutas vermelhas a melancia. Purês de frutas funcionam muito bem com a natureza sutil e refrescante desse estilo.
German ou Belgian wheat beer	As cepas de levedura desses estilos conferem sabores fortes às cervejas. A natureza panificada dos maltes também sustenta uma série de adições de condimentos/aromatizantes.	Coentro e raspas de laranja são cruciais em cervejas de trigo belgas. As raspas de fruta são a norma nesse estilo. Outros condimentos e/ou frutas cítricas podem contribuir para alguns perfis de sabor interessantes.
Pale ale/ IPA	Moderadas a altamente lupuladas, são cervejas em que os lúpulos carregam o sabor de muitas frutas cítricas e tropicais.	A tendência crescente na cervejaria artesanal é ampliar o caráter lupulado das IPAs com purês de frutas, como manga, papaia e goiaba.
Porter	Sem o torrado robusto das stouts, seu perfil exibe sabor tostado e a doçura do malte, caramelo e chocolate.	Esse estilo tende a aceitar todo tipo de adição: especiarias, frutas, café, cacau etc. O perfil de sabor maltado forma uma excelente base para muitos ingredientes especiais.
Stout	Caráter torrado escuro, assim como alguma doçura dos maltes caramel/crystal e da levedura. Pode ter notas intensas de crosta de pão torrado.	Adições de fruta, sobretudo frutas com caroço, como a cereja, funcionam bem com determinadas stouts. Frequentemente são adicionadas especiarias como canela, noz-moscada ou pimenta-da-jamaica. Além disso, cacau em pó combina muito bem com a formulação básica.

COMO CLONAR UMA RECEITA

O que fazer quando desejar tentar copiar, ou clonar, uma de suas cervejas comerciais favoritas? Apresentamos algumas formas básicas para conseguir as informações necessárias para isso.

Primeiro, pesquise. Será útil quando estiver bebendo o exemplar comercial, apesar da dificuldade em definir a exata combinação de lúpulos, malte e levedura que faz daquela cerveja o que ela é. Muitas cervejarias postam em seus *sites* os ingredientes de seus produtos. Em geral, não registram as quantidades, mas, muitas vezes, é possível encontrar a lista de maltes usados, assim como a de lúpulos. Conforme for ganhando experiência como cervejeiro, vai ser capaz de adivinhar as proporções e "quando" e "como" cada ingrediente é adicionado no processo de produção.

Outra opção é simplesmente perguntar ao cervejeiro. As receitas constituem apenas a metade do que é necessário para fazer uma grande cerveja. Muitos ficarão felizes em compartilhar a receita com um cervejeiro caseiro. Mas, como vale a pena pesquisar o máximo possível anteriormente, não peça a receita ao cervejeiro; o melhor é fazer-lhe perguntas sobre a cerveja, como:

"Gosto demais da cor mais escura desta cerveja, ainda assim o caráter torrado é muito suave e nada áspero. Como eu poderia reproduzir isso na minha cerveja?"

"Minha parte favorita desta cerveja é a levedura interessante e o perfil da fermentação. Nunca experimentei isso com as leveduras que já usei. Sabe se a sua levedura é comercializada para cervejeiros caseiros?"

A maioria dos cervejeiros vai gostar de falar sobre as suas cervejas com você.

Há muitas receitas de clones na *internet*, mas, assim como os fóruns de cervejeiros caseiros, a maioria delas não é confiável, por isso é preciso pesquisar a fonte. Se encontrar diversas versões de uma receita de clone e perceber tendências e semelhanças entre várias delas, poderá confiar mais. Ao incorporá-la à sua criação, provavelmente irá na direção certa.

Como em qualquer tentativa de fazer sua receita, é fundamental tomar notas e não desanimar ao longo do caminho caso a cerveja não saia exatamente como queria. No final, ainda estará fazendo cerveja e poderá adaptar a receita para melhorá-la.

CRIE UM PLANO E FAÇA-O ACONTECER

Quando for fazer sua própria produção, estude as receitas apresentadas neste livro. Organize sua receita por escrito como fizemos aqui. Comece com os maltes, depois ordene as adições de lúpulo. Como nas produções com kits de cerveja, pese os ingredientes antes de começar. A etapa inicial é especialmente importante se for comprar os ingredientes a granel e/ou usar adições especiais como condimentos e aromatizantes.

Como na seção do dia da produção, distribua o equipamento na ordem em que for usá-lo. Prepare a água para a fervura e deixe na geladeira com antecedência a água para o resfriamento do mosto. É conveniente fazer uma "lista de tarefas" para o dia da produção com todas as etapas. Evidentemente pode consultar os capítulos que abordam o processo, mas nunca é demais escrever seu próprio roteiro. Rapidamente vai perceber erros no seu plano de produção.

Pontos em que a maioria dos cervejeiros escorrega são os tempos de adição de lúpulos, como adicionar os ingredientes especiais e o resfriamento do mosto. Um pouco mais de atenção aos detalhes e preparativos ajuda a evitar problemas. Ao trabalhar com várias adições de lúpulo, pense em usar copinhos descartáveis. Pode pesar o lúpulo no copinho diretamente sobre a balança e anotar o horário no copinho com caneta do tipo marcador permanente. Programe um *timer* ou use o *smartphone* para avisá-lo da hora de cada adição.

Garanta que os ingredientes especiais foram pesados e preparados. Não vai querer raspar a casca de seis laranjas nos poucos minutos disponíveis, certo? Prepare tudo o que for possível antes da fervura começar. Isso serve para todos os ingredientes especiais: prepare a pimenta-malagueta, abra a embalagem do cacau em pó, aqueça o mel etc. Precisa tostar aveia para alguma receita especial? Isso pode ser feito na véspera. Habitue-se a gelar a água do resfriamento na noite anterior, caso contrário ficará esperando o mosto esfriar até uma temperatura aceitável para a inoculação da levedura. Dica rápida: se perceber que está pronto para começar, mas não gelou a água com antecedência, coloque 4 litros de água no freezer na hora de iniciar a produção.

REGISTRO DE ANOTAÇÕES

À medida que aperfeiçoa sua cerveja, vai passar por experiências de tentativa e erro ao longo do caminho. Todas as vezes que produzir cerveja, faça anotações para monitorar as alterações feitas na receita e outros detalhes à medida que for provando e avaliando como melhorar sua cerveja.

Anotar do início da formulação da receita até os apontamentos da degustação é fundamental para melhorar a produção. Registre o quê, quando, onde e como de cada cerveja e use essas informações para tirar conclusões e imaginar um novo plano para ajustar sua receita. Pode comprar um caderno para manter o registro de anotações ou usar o modelo de anotações sobre a cerveja, na p. 166, que lista os itens de cada lote que devem ser registrados.

SOLUÇÃO DE PROBLEMAS DE SABOR

O quadro a seguir destaca alguns *off-flavors* comuns e suas causas, que podem estar no processo. Se perceber qualquer um desses problemas em sua cerveja, anote-o e refaça a cerveja tendo em mente a origem do *off-flavor* e sua solução.

OFF-FLAVOR	DESCRIÇÃO/AROMA	ORIGEM E SOLUÇÃO
Diacetil	Amanteigado, em especial de pipoca artificialmente aromatizada	Problema na fermentação. Geralmente quando a fermentação não acabou ou foi finalizada muito cedo. Aumentar a temperatura nos últimos dias da fermentação ativa pode ajudar. Sem solução pós-engarrafamento. Vai desaparecer ligeiramente.
Acetaldeído	Maçãs verdes, meio ácido	Problema na fermentação. Cerveja jovem com fermentação incompleta ou final precoce para a atividade da levedura. Mantenha temperaturas quentes perto do fim da fermentação. Sem solução pós-engarrafamento. Não diminui muito.
Fenóis	Band-aid ou remédio	Frequentemente levedura selvagem ou contaminação por microrganismos. Revise o processo de limpeza e sanitização. Sem solução pós-engarrafamento. Não desaparece, tende a aumentar com o tempo.
Gramíneo	Grama cortada, estrutura de amargor	Resultado de mau armazenamento de ingredientes. Pode ser confundido com sabores vegetais, que indicam excesso de material de lúpulo ou fervura insuficiente para eliminar esses aromas.
Oxidação	Papel ou papelão molhado; descrito às vezes como molho de soja ou xerez	Exposição da cerveja pronta a oxigênio. Ocorrência de jato da cerveja pronta em contato com o ar durante a trasfega ou na transferência entre baldes. Use tubo de trasfega mais comprido e transfira para baixo do nível do líquido no recipiente receptor. Não desaparece, tende a aumentar com o tempo.
Gosto de fermento e/ou autólise	Aroma e gosto de carne ou de caldo	Se a levedura estiver sob muito estresse ou com falta de nutrientes, ela começa a morrer. Quando morre, libera aminas que podem ser confundidas com carne. A solução é usar leveduras tão frescas quanto possível.
Sulfetos	Enxofre, ovo estragado	Enxofre, sulfetos e sulfatos são encontrados normalmente nos grãos, sobretudo nos maltes mais claros. Sentidos na cerveja, isso indica fervura insuficiente. É necessário fazer uma fervura intensa para eliminar esses compostos antes que a cerveja vá para o fermentador.
DMS (dimetil-sulfeto)	Vegetal cozido, milho em lata	DMS é outro sabor vegetal produzido durante a fervura. A fervura muito fraca leva à evaporação desse composto.

ANOTAÇÕES SOBRE A CERVEJA

Nome da cerveja:	Estilo:	Data da produção:
Tamanho do lote:	Volume da fervura:	Tempo de fervura:
Densidade inicial:	Densidade final:	Data do engarrafamento:

Extrato e grãos:

Lúpulos:

Levedura:

Observações do dia da produção:

Observações sobre a fermentação:

ANOTAÇÕES SOBRE A CERVEJA

Notas de degustação:

Aparência:

Aroma:

Sensação na boca:

Sabor:

Impressão geral:

Ideias para a próxima vez:

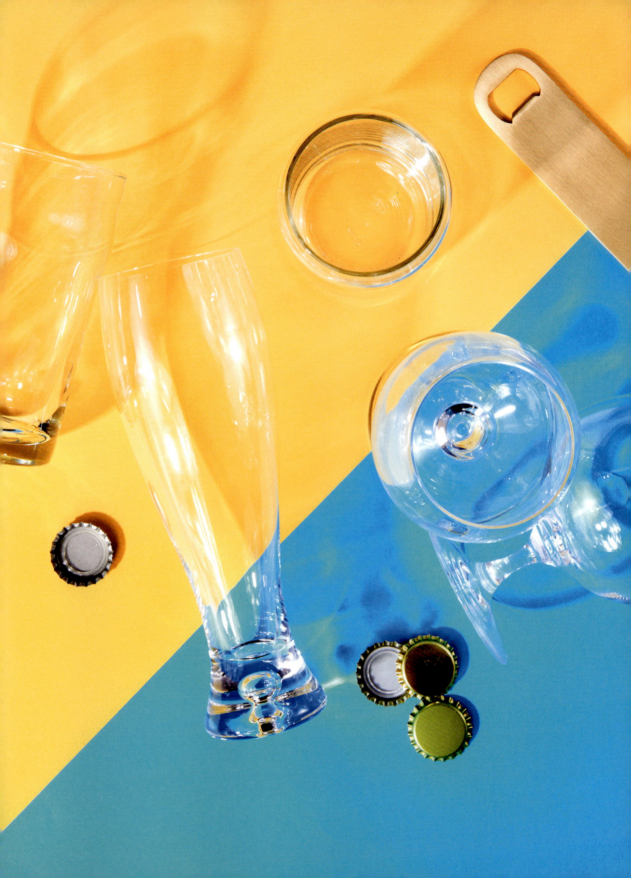

GLOSSÁRIO

O universo cervejeiro tem muitos termos que podem ser novos para você. Este glossário traz a definição de alguns deles, usados neste livro, para que você possa entender mais sobre seu *hobby*.

ALE: Antigamente, ale significava qualquer cerveja feita com lúpulo, mas hoje é como são chamadas as cervejas que usam um tipo específico de levedura que fermenta em temperatura ambiente.

ALFA-ÁCIDO: Componente do lúpulo que é medido para cada variedade, como índice de amargor conferido à cerveja. É expresso como porcentagem.

BRASSAGEM PARCIAL: Técnica de cervejaria artesanal em que extrai parte dos açúcares fermentáveis do grão maltado e outra do extrato de malte. Neste livro, há receitas que pedem minibrassagem, que é uma forma de brassagem parcial. Pode ser o próximo passo para produzir cerveja com extrato para alguns iniciantes.

BRASSAGEM: Processo de introdução dos grãos maltados na água quente (cerca de 65 °C) por tempo suficiente para ativar as enzimas do grão a fim de converter o amido do malte em açúcares, que são consumidos pela levedura para produzir a cerveja.

CLARIFICANTE: Aditivo que remove partículas para tornar a cerveja mais translúcida, podendo contribuir para o aroma e o sabor. Whirlfloc em forma de pastilha é agente clarificante.

DENSIDADE ESPECÍFICA: Medida da densidade de um líquido em comparação com a água em determinada temperatura e altitude. Na cervejaria caseira, desejamos saber a densidade específica do mosto, e o densímetro é o dispositivo que faz essa medição. Se conhecemos, podemos calcular a quantidade de álcool nas cervejas. Siga as instruções que acompanham o densímetro, porque a temperatura do mosto afeta a medição.

DENSIDADE FINAL: Medida específica de densidade obtida após a conclusão da fermentação. É apontada como objetivo, prevista pelos tipos de grãos usados, cepa de levedura e temperatura da fermentação. Atingir a densidade final prevista em uma receita dá a sensação de realização, mas chegar perto também é muito bom.

DENSIDADE ORIGINAL: Essa medição específica é feita no mosto antes que a fermentação comece. Ela sugere quanto açúcar está presente na solução para a levedura consumir.

DRY HOPPING: Técnica de acrescentar lúpulo ao fermentador durante a fermentação. O lúpulo acrescentado nesse estágio produz aromas e sabores fortes. Muitos cervejeiros artesanais fazem *dry hopping* para que suas cervejas exibam o lúpulo de formas fantásticas.

FENÓIS: São compostos encontrados nas cervejas. É útil conhecê-los porque podem alterar o sabor. São caracterizados pelos sabores de cravo, defumado e pimenta, que são agradáveis, mas também de remédio forte e band-aid, que não são bem-vindos. São adequados para uma Hefeweizen, mas em outros estilos é um defeito no sabor. Algumas vezes, leveduras selvagens são as causadoras do sabor de fenóis na cerveja, por isso sempre higienize bem o equipamento.

FERMENTADOR: Essa palavra refere-se tanto ao organismo que faz a fermentação como ao recipiente onde ela é feita.

IBU: Sigla de *International Bittering Units*, é a escala que mede o amargor nas cervejas. Quanto mais alto o número, mais amarga é a cerveja. Como existem muitos fatores que contribuem para a percepção do amargor, esse número deve ser usado direcionalmente.

INOCULAÇÃO: Adição de levedura ao mosto no fermentador.

ISOMERIZAÇÃO: Processo químico pelo qual moléculas se transformam em novas moléculas com os mesmos átomos, mas disposição diferente. Ao ferver o lúpulo, os alfa-ácidos transformam-se em iso-alfa-ácidos, que conferem sabor mais amargo à cerveja.

KRÄUSEN: Palavra alemã usada para descrever a camada espessa de espuma criada pela levedura durante a fermentação. Parece muito grosseira, mas assenta assim que a fermentação ativa termina. Pode ser encontrada como verbo em outras publicações sobre cerveja artesanal. *Kräusening* é a técnica de usar uma cerveja que esteja em fermentação ativa, acrescentando um pouco dela a outra cerveja para carbonatação natural. Nunca tentamos; o *priming*, adição de açúcar, ao engarrafar é mais fácil.

LAGER: Ao lado das ales, é outra grande categoria de cerveja. As lagers são produzidas com um tipo diferente de levedura que fermenta no fundo do recipiente e em temperaturas mais baixas.

LOVIBOND: Escala para medir a cor criada por Joseph Lovibond nos anos 1800. As cores do malte são indicadas em graus na escala Lovibond, representados por um número e a unidade °L: quanto mais elevado o número, mais escura é a cor. Os maltes pretos ficam acima de 500 °L na escala.

MOSTO: Sopa de cevada e malte preparada para a levedura a fim de produzir cerveja. Este livro traz as informações de preparo à base de extrato de malte, lúpulos e grãos especiais.

SACCHAROMYCES: Os amigos cientistas sabem que esse é o gênero de fungo que inclui a levedura da cerveja. Se seguir as instruções deste livro, vai convidar essas duas leveduras a se multiplicarem em sua casa: *Saccharomyces cerevisiae*, ou levedura de ale, e *Saccharomyces pastorianus*, ou levedura de lager.

SECAGEM: Processo de aquecer maltes e grãos para alterar cor e sabor a fim de produzir cerveja.

SRM: O *Standard Reference Method* (Método de Referência Padrão) é outra escala para medir cor. Na cervejaria caseira, é usado para medir a cor da cerveja. Quanto mais elevado o número, mais escura será. As pilseners têm escala de 2 a 7 SRM, e as imperial stouts ficam acima de 40 SRM.

TRASFEGA: Transferência da cerveja de um recipiente para outro.

TRUB: Outra palavra de origem alemã, é o sedimento que assenta no fundo do caldeirão depois que a fervura termina. Consiste em lúpulo e proteínas do malte; é melhor ser mantido no caldeirão do que transferido para o fermentador.

WHIRLFLOC: Aditivo especial em forma de pastilha. Mistura de *irish moss* (musgo marinho) e carragenina (derivado de algas marinhas). Ao ser adicionado ao mosto, ajuda a remover as proteínas da cerveja, deixando-a translúcida. Sim, alguém, em algum momento, imaginou que adicionar material marinho clarificaria a cerveja.

FONTES

Lista de *sites* que usamos para descobrir mais sobre cerveja artesanal:

Brew Dudes (brew-dudes.com): Escrevemos sobre a produção de cerveja desde 2007 e postamos vídeos no YouTube desde 2013. Confira nossas experiências em nosso *blog*.

Briess Malt & Ingredients Company (brewingwithbriess.com): Um dos grandes mestres do malte do mundo, o site deles tem muitas informações boas sobre seus produtos, entre eles os extratos de malte secos e líquidos.

Yakima Valley Hops (yakimavalleyhops.com): Este seu *site* tem ótimas informações sobre lúpulos. Também vendem lúpulos de qualidade para cervejeiros caseiros e contam com muitas das mais recentes variedades.

The Brewing Network Podcasts (thebrewingnetwork.com): Gostamos desta fonte por seu *podcast* de entrevistas com cervejeiros profissionais e amadores, além de discussões sobre técnicas de produção de cerveja caseira.

Brew Your Own Magazine (byo.com): Uma das primeiras fontes que usamos quando começamos a produzir cerveja. Tem artigos para todos os níveis de experiência.

Brewer's Friend (brewersfriend.com): Fornece muitas calculadoras e ferramentas para montar receitas de produção caseira de cerveja.

American Homebrewers Association (homebrewersassociation.org): O centro da comunidade de produção de cerveja caseira nos Estados Unidos.

Lista de *sites* em português:

ACervA Paulista (www.acervapaulista.com.br/forum): Fórum da Associação dos Cervejeiros Artesanais Paulistas.

Lamas Bier (www.lamasbier.com.br): Fornecedora de insumos pioneira no Brasil, também mantém um *blog* com muita informação.

Henrik Boden (www.cervejahenrikboden.com.br): Portal com muita informação sobre produção artesanal.

ÍNDICE

Observação: A numeração em itálico indica um quadro ou uma ilustração.

A

açúcares, 98-99
    mascavo, 99
    priming, 68-69
    refinado, 99
airlocks/válvulas, 21-22
    O que deu errado com a minha cerveja? *75-77*
Alcohol by volume (Álcool por volume, ABV), 31
    cálculo, 65
alemãs, cervejas
    German Pilsner, 128
    Hefeweizen, 145
    Kölsch, 139
    Munich Dunkel, 137-138
ales, 35, 38, *160*
    Amber ale invernal, 105
    American brown ale, 107
    American classic pale ale, 106
    American cream ale, 122-123
    Belgian dubbel, 118
    Belgian pale ale, 115
    Centennial pale ale, 110
    Cerveja fácil, 102
    English brown ale, 121
    Honey wheat ale, 104
    Hop burst pale ale, 120
    Irish red ale, 135
    Kölsch, 139
    Lawn mower beer, 119
    Mosaic pale ale, 111
alfa-ácidos, 86, 89, 91-93
americanas, cervejas *148*
    American brown ale, 107
    American classic pale ale, 106
    American cream ale, 122-123
    American porter, 113
    Centennial pale ale, 110
    Cerveja fácil, 102
    Honey wheat ale, 104
    Hop burst pale ale, 120
    IPA West Coast, 109
    Lawn mower beer, 119
    Mosaic pale ale, 111
    NEIPA (New England IPA), 127
American Homebrewers Association (AHA), 158
anotações, 23, 157, 164, *166-167*

B

B-Brite, limpador, 13
Beer Judge Certification Program (BJCP), 34, 158
belgas, cervejas
    Belgian dubbel, 118
    Belgian pale ale, 115
    Belgian saison, 142
    Witbier, 147
Belgian dubbel, 118
bitters
    English strong bitter, 143
    English ordinary bitter, 141
Black patent, malte, 95
brassagem parcial, *97*
Brewers Association (BA), 34, 158

C

caldeirões, 15
caramel/crystal, maltes, *83*, 90, 94, 152, *160*
carbonatação
    início, 68-70
    O que deu errado com a minha cerveja? *75-77*
cerveja ruim, *165*
O que deu errado com a minha cerveja? *75-77*
cerveja turva, *103*
    O que deu errado com a minha cerveja? *75-77*
cerveja, notas/anotações, 23, 157, 164, *166-167*
cervejas personalizadas
    caráter da fermentação, 154
    caráter do lúpulo, 153
    caráter do malte, 152
    ideias para, 150-151
cevada torrada, 95
chocolate, malte, 95
clarificação, *103*
clarificantes, *103*
clone, receitas de, *29*, 34, 36, 37, *38*, *161*
colher/pá cervejeira, 22
cor, medição da, *87*

D

densidade, 17, *31*, 58, *75-77*
    cálculo, 65
densímetro, 16-17, 65
DME, 52-53, 81-85. *Ver também* LME
dry hopping (lupulagem seca), 87

E

engarrafar, equipamento para, 24-27
equipamento/materiais
    airlocks/válvulas, 21-22
    caldeirão de fervura, 15
    densímetro, 16-17, 65
    dispositivos de medição, *80*
    engarrafamento, 24-27
    escovas, 14

funil, 22
instrumentos de medição, 23
musselina/*grain bag*, 80
sanitizantes, 13-14
termômetro, 16
tubo para trasfega/sifão, 23
escovas, 14
espuma
    controle da, 54
    O que deu errado com a minha cerveja? *75-77*
estilo, orientações/terminologia, 158-159
estilos, 34-35, *160, 161*
    Allagash White/Witbier, 147
    Bell's Two Hearted Ale/Centennial pale ale, 110
    Brasserie Dupont/Belgian saison, 142
    Founders Oatmeal Stout/oatmeal stout, 140
    Fuller's ESB/English strong bitter, 143
    Genesee Cream Ale, Narragansett/American cream ale, 122-123
    Harpoon Winter Warmer/Amber ale invernal, 105
    Leffe Blond Ale/Belgian pale ale, 115
    Left Hand Brewing Milk Stout/milk stout, 144
    Mayflower Brewing Porter/American porter, 113
    Moose Drool/American brown ale, 107
    One Hop This Time/Mosaic pale ale, 111
    Pilsner Urquell/Czech Pilsner, 125-126
    Samuel Smith's Nut Brown Ale/English brown ale, 121
    Samuel Smith's Teddy Porter/English porter, 129
    Sierra Nevada Pale Ale/American classic pale ale, 106
    Sierra Nevada Porter/American porter, 113
    Tank 7/Belgian saison, 142
    Weihenstephaner Hefeweissbier/Hefeweizen, 145

extratos. *Ver também* malte, extratos de
    tempos de adição, 52-53

F

fermentação
    caráter da, 154
    O que deu errado com a minha cerveja? *75-77*
    primária, 63-65
    secundária, 66
fermentadores
    tipos e vantagens, 17-21, *20-21*
    transferir mosto para, 57
first wort hopping (lupulagem no primeiro mosto, FWH), *88*
funil, 22

G

garrafas
    armazenar, 73-74
    carbonatação, 68-70
    condicionamento/armazenamento, 73-74
    encher, 70-72
    higienização, 67
    sedimentos, *71*
    solução de problemas, *75-77*
    tampar, 72-73
grãos. *Ver também* grãos especiais
    especiais, 90-94
    flocados, 96-98
    infusão, 51
    torrados, 94-95
grãos especiais, 81, 83, 90, 94, *160*
grãos flocados, 96, 98. *Ver também* grãos; grãos especiais
grãos torrados, 94-95

I

imitações, receitas. *Ver* estilos
infusão, 41, 51, 90, 96, 156
inglesas, cervejas
    English brown ale, 121
    English porter, 129
    English ordinary bitter, 141
    English strong bitter, 143
    Oatmeal stout, 140
ingredientes especiais, 155-156
inoculação da levedura, 58-59
International Bittering Units (IBUS), 31, 86
iodofor, limpador, 13
IPAs
    IPA West Coast, 109
    Black IPA, 116-117
    NEIPA (New England IPA), 127
irlandesas, cervejas
    Irish red ale, 135
    Irish stout, 133
isomerização, 86

K

kits de receita para produção de cerveja
    abreviaturas, *31*
    água usada em, *39*
    clones, *29, 37, 38, 161*
    como decifrar, 32-33
    estilos, 34-35
    infusão/grãos especiais, 41
    ingredientes não incluídos, *41*
    ingredientes, 39-41
    leveduras, 37
    rendimento, *35*, 36
    sem ferver, *33*

L

lactose, 99
lagers, 35
    Czech Pilsner, 125-126
    Munich Dunkel, 137-138
leveduras
    cepas comuns, *61*
    fermentação, 63-66
    história, 60
    inoculação, 58-59
    kits de receita de cerveja, 40
    tipos, 62-63
limpadores, 12-13
LME, 52-53, 81-85. *Ver também* DME
Lovibond, *82*

lúpulo
  adição à fervura, 54-55
  caráter do, 153
  dry hopping (lupulagem seca), 87
  first wort hopping (lupulagem no primeiro mosto, FWH), 88
  história, 86
  kits de receita de cerveja, 40
  variedades, *91-93*

M

malte
  caráter do, 152
  cevada, preto e chocolate, maltes de, 95
  estilos sugeridos de, *83*
  extratos de, 52-53
  kits de receita de cerveja, 39
  LME, DME, 81-85
  material adicional, *80*
  medição da cor, *82*
medição, dispositivos de, *80*
medição, instrumentos de, 22-23
mosto
  fervura, 51
  first wort hopping (lupulagem no primeiro mosto, FWH), 88
  O que deu errado com a minha cerveja? *75-77*
  resfriamento, 56-57
musselina/*grain bag*, 80

N

Notas de degustação, 157, 164, 167

P

passo a passo ilustrado, *44-47*
  receitas e preparação, 48-50
  solução de problemas, *75-77*
PBW, limpador, 13
Pilsner
  German Pilsner, 128
porters, *160*
  porter americana, 113
  porter inglesa, 129
preparação, 162-163
priming, açúcar para o, 68-70

R

receitas. *Ver também* clone, receitas de
  Amber ale invernal, 105
  American brown ale, 107
  American pale ale clássica, 106
  American cream ale, 122-123
  American porter, 113
  Belgian dubbel, 118
  Belgian pale ale, 115
  Belgian saison, 142
  Black IPA, 116-117
  Centennial pale ale, 110
  Cerveja fácil, 102
  Czech Pilsner, 125-126
  English brown ale, 121
  English ordinary bitter, 141
  English porter, 129
  English strong bitter, 143
  German Pilsner, 128
  Hefeweizen, 145
  Honey wheat ale, 104
  Hop burst pale ale, 120
  IPA West Coast, 109
  Irish red ale, 135
  Irish stout, 133
  Kölsch, 139
  Lawn mower beer, 119
  Milk stout/sweet stout, 144
  Mosaic pale ale, 111
  Munich Dunkel, 137-138
  NEIPA (New England IPA), 127
  Oatmeal stout, 140
  Russian imperial stout, 131-132
  Witbier, 147
rendimento, *35*, 36, *101*
russa, cerveja
  Russian imperial stout, 131-132

S

saison, Belgian, 142
sanitizantes, 13-14
sedimentos, *71*
solução de problemas, 164-165
  espuma, 54
  O que deu errado com a minha cerveja? *75-77*

SRM (*Standard Reference Method*, Método de Referência Padrão), 82
stouts, *160*
  Irish stout, 133
  milk stout/sweet stout, 144
  oatmeal stout, 140
  Russian imperial stout, 131-132

T

tcheca, cerveja
  Czech Pilsner, 125-126
termômetro, 16
trigo, cervejas de, *160*
tubo para trasfega/sifão, 24-25

X

xarope de açúcar-cândi, 99

W

Whirlfloc, *103*
Witbier, Belgian, 147

SOBRE OS AUTORES

MIKE WARREN começou a produzir cerveja em casa, no início de 1998, com um kit de equipamento e receita que ganhara de presente de Natal no ano anterior. Formado em bioquímica e biotecnologia, aplicou seus conhecimentos à ciência da produção de cerveja caseira e ao aperfeiçoamento da sua própria cerveja.

Em 2005, **JOHN KROCHUNE** começou a fazer cerveja incentivado por Mike. Embora não entendesse a ciência do processo, ele valorizava o espírito de "faça você mesmo" e o produto final dos seus esforços.

Em 2007, Mike e John criaram o *blog* Brew Dudes (brew-dudes.com) e começaram a escrever sobre suas experiências na produção de cerveja. Em 2013, passaram a se concentrar basicamente na criação de vídeos detalhando diferentes aspectos da cervejaria caseira, incluindo equipamento, sabores de lúpulos e química da água.

Mike mora em Chelmsford, Massachusetts, com a mulher e dois filhos. Por mera coincidência (só que não!), John mora na mesma rua com a mulher e três filhos.